Nis R. Nissen

Staat und Kirche in Dithmarschen

Westholsteinische Verlagsanstalt Boyens & Co.

Umschlagbild: Blick über den Heider Markt auf die Westseite
mit der St.-Jürgen-Kirche (um 1830).

Die in diesem Buch verwendeten alten Ansichtskarten stammen aus der Sammlung Szillat in der Schleswig-Holsteinischen Landesbibliothek, Kiel.
Die farbigen Abbildungen geben Aquarelle aus der Mitte des 19. Jahrhunderts wieder, die dem Dithmarscher Landesmuseum Meldorf, gehören.

ISBN 3-8042-0665-4

Umschlaggestaltung Günter Pump

Herstellung: Westholsteinische Verlagsdruckerei Boyens & Co., Heide
Printed in Germany

Inhalt

Der 1. Oktober 1867 7

Die Kirche Karls des Großen – christlich? 9

Der Gau wird parzelliert. Meldorf und die Urkirchspiele 12
Tellingstedt – Süderhastedt – Weddingstedt – Lunden – Büsum – Uthaven/Brunsbüttel

Der große Boom im 12./13. Jahrhundert 15
Meldorf – Burg – Eddelak – Marne – Albersdorf Hennstedt – Delve – Wesselburen – Wöhrden

Die Priester und die Emanzipation des Individuums im 12./13. Jahrhundert 17

Sonderinteressen zeichnen sich ab: Nachzügler 21
Hemmingstedt – Nordhastedt – Hemme – Neuenkirchen

Wie die ältesten Kirchen gebaut wurden 25

Rundtürme als Wehrtürme? 39

Wohin mit der Kirche im Dorf? 48

Eigene Gotteshäuser für große Bauern 52
Heide – Barlt – St. Annen – Schlichting – Windbergen

St. Michaelisdonn und die soziale Frage 62

In der Marsch begann das neue Bauen 66

Was von mittelalterlicher Einrichtung übrigblieb 69
Taufen – Altäre – Triumphkreuze – Einzelfiguren

Neue Einrichtungen wegen Luthers neuer Lehre 81
Kanzeln – Bänke – Altäre – Bildergeschichten

Luthers Kirche und die 48er in Dithmarschen 87

Die Fürsten sagen, was Du glauben sollst.
Kirche im Fürstenstaat 90

Eine neue Kirche wird gebaut, Beispiel Brunsbüttel 94

Barock auf dem Lande 98
Brunsbüttel – Neuenkirchen – Wesselburen – Eddelak –
Windbergen – Schlichting – Wöhrden

Neubau in einer veränderten Welt: Kronprinzenkoog 105

Der oberste Kriegsherr und seine Kirche Brunsbüttelkoog 110

Pahlen, noch ein Sozialfall im Bauernland 115

Gesellschaftliche Utopien gegen christliche Verheißung:
Neulandhalle 119

Aufbruch nach 1945? 13 neue Gotteshäuser 123

Schlußbetrachtung: Die Geister, die ich rief 132

Der 1. Oktober 1867

In der über 1000jährigen Geschichte von Staat und Kirche in Dithmarschen gibt es, nachdem die Kirche einmal gegründet worden war, nur ein Datum, das die Verhältnisse vollkommen und von Grund auf veränderte: der 1. Oktober des Jahres 1867. Dithmarschen und Schleswig-Holstein waren von Preußen vereinnahmt worden, und die neue Regierung führte die Glaubensfreiheit ein.

Das hatte es nie gegeben. Das war ein unerhörtes Ereignis. Der Kirche hatte jeder angehört, wie er dem Staat angehörte. Und „der" Staat, d. h. Fürst oder zur Zeit der Dithmarscher Republik die regierenden Räte, bestimmte, welcher Kirche ein jeder anzugehören hatte. So war es nach der Reformation zwischen den Regierungen im Deutschen Reich vereinbart worden – cuius regio eius religio, d. h. wer die Regierung inne hat, bestimmt die Glaubensform in seinem Land. Das galt auch in der Republik Dithmarschen! Wer etwas anderes glauben wollte, mußte dafür eine Genehmigung – ein Privileg – einholen.

So war es auch vor der Reformation gewesen, nur daß es gar keine Wahl gab. Mit der Zugehörigkeit zur Gesellschaft eines Landes oder einer Stadt war man katholisch oder man mußte auf Sanktionen gefaßt sein.

Nun, seit dem 1. Oktober 1867 sollte das alles nicht mehr wahr sein. Es hat wohl einige Zeit gedauert, ehe das Bewußtsein der freien Religionswahl sich ausbreitete. Die meisten blieben bei ihrer Kirche, auch der preußische König und seit 1871 deutscher Kaiser ließ die Kirche noch nicht los. Er blieb oberster Kirchenherr – summus episcopus –, so wie er auch oberster Kriegsherr war.

Aber es geschah noch viel mehr. Die preußische Regierung löste nicht nur die Rechtsprechung aus der Verwaltung heraus und schuf damit Amtsgerichte und hauptamtliche Richter ebenso wie hauptamtliche Finanzbeamte. Preußen entflocht Staat und Kirche, die vielfältig miteinander verbunden waren. In Dithmarschen selbst auf „unterster Ebene", in den Kirchspielen. Seitdem, erst seitdem gibt es, was uns heute selbstverständlich ist: zwei nebeneinander stehende Gemeinden: die Kirchengemeinde und die weltliche Gemeinde, die Kommune. Ihre unterste hauptamtlich besetzte Verwaltungseinheit ist das „Amt Kirchspielslandgemeinde", jedenfalls dort, wo der Verwaltungsdistrikt auf alte Kirchspielsgrenzen zurückgeht. Diese Bezeichnung Kirchspielslandgemeinde ist zu Ehren und zur Erinnerung an die alten Dithmarscher Kirchspielsgemeinden gewählt worden, die einmal, bis die Preußen kamen, für alles zuständig gewesen waren, für Deich-, Wasser- und Wegesachen in einem Distrikt ebenso wie für Schlichtung von Streitigkeiten, für Steuer, Besoldung des Pastors oder Bau einer Kirche. Weltliche, d. h. gemeindliche und staatliche Angelegenheiten lagen in denselben Händen wie kirchliche. Ein Ratskollegium, in der Regel reiche Bauern, entschied darüber unter Vorsitz des Kirchspielsvogts, der einer der ihren sein mußte. So war es, seit Dithmarschen 1559 seine Selbständigkeit eingebüßt hatte, nicht viel anders war es vorher gewesen in der selbständigen Republik Dithmarschen. Nur da waren die Kirchspielsgemeinden mit ihren „regierenden" Ratskollegien noch selbständiger gewesen, hatten eigene Politik gemacht. Dithmarschen war bis 1559 eine Bundesrepublik gewesen, deren weitgehend autarken Glieder die Kirchspiele bildeten, ähnlich den Kantonen in der Schweiz.

Staatliches und Kirchliches, Landes- und Kirchspielspolitik waren in Dithmarschen so miteinander verquickt, daß sie sich nicht voneinander trennen lassen. Sie bildeten die Geschichte Dithmarschens. Ihre Zentren, ihre Verhandlungs- und Versammlungsstätten waren die Kirchen mit ihren Friedhöfen. Wie in den Kompetenzen mischten sich auch in den Kirchengebäuden „die Welten", das Reich Gottes und das der Erde. Politik zur Regelung gemeindlicher Aufgaben wurde als Instrument verstanden, Gottes Ordnung auf der Welt aufzurichten und Gottes Frieden zu wahren. Das irdische Leben, das private wie das öffentliche, richtete sich, modern gesagt, nach in den Himmel projizierten Zielvorgaben, lagen, altmodisch gesagt, in Gottes Hand. Wer wollte da trennen zwischen Weltlichem und Kirchlichem, Irdischem und Himmlischen?

Wieso das so kam, wie sich das abspielte, wie das zu verstehen ist und schließlich wie alles ganz anders wurde, das ist das Thema dieses Buches: Eine Dithmarscher Landesgeschichte, die zugleich Kirchspiels- und Kirchengeschichte ist – oder umgekehrt.

Die Kirche Karls des Grossen – christlich?

Begonnen hat alles einmal mit Karl dem Großen. Er hat die Sachsen bekriegt, 30 Jahre lang, und schließlich besiegt. Er hatte auch die Dithmarscher in sein abendländisches Reich einbezogen. Sie gehörten zu den Sachsen, saßen etwas vom Schuß, nördlich der Elbe und bildeten einen eigenen Gau wie ihre sächsischen Nachbarn, die Holsten und die Stormarn. Kaiser Karl verstand sich als Statthalter Christi, dazu bestimmt, im Abendland das Römische Reich als christliches neu zu stiften. Mission war Bestandteil der Herrschaft, Taufe Ausdruck für Annahme seiner Herrschaft, die, wie die Geschichte, verstanden wurde als Teil göttlichen Heilsgeschehens.

Die Gründung einer Kirche in Meldorf nach dem Ende der Sachsen-Kriege war also Ausdruck der neuen Situation, der Auswirkung einer neuen Herrschaft mit einem neuen Gott. Karl und sein göttlicher Schutzherr Christus waren siegreich gewesen auf dem irdischen Schlachtfeld, das verstanden wurde als Wirkungsfeld der Götter. Die alten Götter hatten verloren, der neue gewonnen. Taufe der Dithmarscher und Bau eines Gotteshauses waren die logische Folge, zunächst nur des einen Gotteshauses in Meldorf für den ganzen Gau Dithmarschen. Erst nach ungefähr 250 Jahren kamen weitere dazu. Hinter der Gründung dürfte der Bischof von Bremen gestanden haben, der aber seinerseits eingespannt war in das Herrschaftssystem Karls und seines Nachfolgers. Wir wissen nicht, wann das war, noch in den letzten Lebensjahren Karls, der 814 starb, oder erst zur Herrschaftszeit seines Sohnes Ludwig dem Frommen, jedenfalls vor 826.

Wie mag der Gottesdienst in dieser einen Kirche in Meldorf ausgesehen haben? Ein sonntäglicher Besuch war für die meisten Dithmarscher unmöglich. Er hätte zwei oder drei Tage beansprucht, da von der Elbe oder Eider jeweils rund 30 Kilometer Hin- und Rückweg zu Fuß zu bewältigen waren. Wie anders sollen wir uns den Gottesdienst vorstellen als eine Übernahme der gewohnten Zeitfolge von Kultübungen bei den mindestens zweimal im Jahr zu vermutenden Gesamtversammlungen der freien Männer des Gaues Dithmarschen? Bei diesen Gelegenheiten dürften dann wohl auch die Nachwachsenden getauft worden sein.

Wir wissen nicht, ob das im Säuglingsalter geschah, ob also die

Vorstellungen der Kirchenväter der Spätantike, besonders Augustinus' (345–430), ins Denken der hiesigen Bewohner aufgenommen worden waren. Weil das Vorstellungen von individuellen Seelen voraussetzen würde, halte ich das für unwahrscheinlich. Neugeborene sollen nämlich – nach Augustinus – mit der Erbsünde behaftet sein und nur durch Taufe am Heil teilhaben können. Deshalb sind sie später stets möglichst bald nach der Geburt getauft worden. Wie aber sollte das in der Frühzeit geschehen, da keine Kirche in der Nähe lag und vor allem der Bischof, dem das Recht zur Taufe zustand, nur ein- oder zweimal im Jahr kam – und die Vorstellung, ein Säugling habe eine individuelle Seele, hier sicher fremd war!

Wir müssen also von Gruppentaufen ausgehen. Dabei halte ich es für wahrscheinlicher, daß Heranwachsende getauft wurden und daß die Augustinischen Vorstellungen noch keinen Fuß gefaßt hatten. Die ließen sich m. E. eher mit dem neuen Denken vereinbaren, in dem der Gedanke der Individualität Platz fand und das hinter dem Ausbau der Kirchenorganisation im 12. und 13. Jahrhundert gestanden haben dürfte (Kapitel „Die Priester und die Emanzipation . . ."). In der Frühzeit müssen wir uns Gottesdienste wie Taufen als Gruppenveranstaltungen, den neuen Christengott als Stammesgott vorstellen.

Er war für das Gesamtschicksal zuständig, ohne daß für den einzelnen Bedürfnis oder Notwendigkeit bestand, eine individuelle Vorstellung und Frömmigkeit zu entwickeln. Im Privatleben trat der Gott ohnehin nicht in Erscheinung. Von der vermutlich in Gruppen stattgefundenen Taufe abgesehen, waren Hochzeiten und wohl auch Beerdigungen weiterhin Angelegenheiten der Sippen oder Geschlechter. Die einzelne Person war sehr eng eingebunden in eine auch wirtschaftlich bedingte, d. h. zum Überleben notwendige Produktionsgemeinschaft, die für persönliche Wünsche, persönliche Berufs-, Heirats-, Gottvorstellungen keinen Spielraum ließ. Am besten läßt sich der Zustand damals wohl als ein Leben im Kollektiv bezeichnen, das auch im Bewußtsein der Glieder verankert war.

Wie die Kirche in Meldorf damals aussah, wissen wir nicht. Alfred Kamphausen hat in seinem Buch „Der Dom der Dithmarscher – die Kirche zu Meldorf" eine Rekonstruktion entworfen. Sie mag in diesem oder jenem zutreffen, was nicht kontrollierbar ist. Sie gehört aber im Grunde ins Reich der Phantasie, wie neue Ausgrabungen ergaben.

Obgleich die Ausgrabungen 1991/92, die ausführlich in dem Buch „Der Meldorfer Dom" von 1992 geschildert sind, tief herunterführten, sind keine eindeutigen Spuren eines karolingischen Baues entdeckt worden. Vielleicht lassen sich gereihte große Feldsteine als Fundamente eines Holzbaues verstehen, sicher ist das aber nicht.

In der älteren Literatur ist die Vermutung geäußert worden, die erste Kirche habe am Sandberg gestanden, etwa dort, wo die Südermühle steht. Die Vermutung stützt sich auf die älteste Ansicht Meldorfs von Daniel Friese (16. Jahrhundert). Auf ihr heißt jener Berg, auf dem auch schon eine Mühle stand, „Mons sancti Johannis", Berg des Heiligen Johannes, des Titelheiligen also der Meldorfer Kirche. Hingewiesen wurde in diesem Zusammenhang auch auf ein Sandstein-Taufbecken, das heute im Dithmarscher Landesmuseum verwahrt wird und am Sandberg aufgefunden worden sein soll. Es stammt aber aus dem 15. Jahrhundert, kann also mit der Vorgängerkirche nichts zu tun gehabt haben. Weiterführen könnten nur Ausgrabungen, sofern sie sich lohnen würden.

Der Gau wird parzelliert – Meldorf und die Urkirchspiele

Wie lange Meldorf die einzige Kirche blieb, wie lange also ihr Kirchspiel der ganze Gau Dithmarschen war, wissen wir nicht genau. Die nächste Nachricht kommt aus der Zeit um 1070, als der Bremer Geistliche Adam in seiner Chronik Meldorf die Mutterkirche Dithmarschens nannte („. . . Tedmarsgoi et eorum ecclesia mater in Melindorp . . .").

Setzt der Ausdruck Mutterkirche nicht das Bestehen weiterer Kirchen voraus? Und welcher? Erst eine Urkunde aus den Jahren um 1140 liefert dazu Anhaltspunkte. In ihr werden außer Meldorf sechs weitere Kirchen aufgeführt, von der Forschung Urkirchspiele genannt. Es waren die drei Geestkirchspiele Tellingstedt, das fraglos Zentrum war für die nördliche Geest, Süderhastedt, zuständig für die südliche Geest, und Weddingstedt für die küstennahe nördliche Geest wie wahrscheinlich für die davorliegende Marsch bzw. vor der Eindeichung für das Vorland. Das vierte Kirchspiel Lunden liegt auf dem Nehrungsstreifen, der Marsch und Moor im nördlichen Dithmarschen trennt, und dürfte für alle Siedlungen im Umkreis, Marsch, Nehrung, Eiderniederung, zuständig gewesen sein. Büsum, das fünfte Kirchspiel, war damals noch eine Insel. Sie besaß also ihre eigene Kirche. Schließlich wird noch ein Uthaven genannt. Es ist nicht eindeutig lokalisierbar, wird aber gern mit Brunsbüttel identifiziert, weil es dann ein so schönes Verteilungsschema ergibt: Brunsbüttel für die südliche Marsch, wie Lunden für die nördliche, dazu das Insel-Kirchspiel Büsum und die Gotteshäuser der Geest, wobei Meldorf nur noch für den Mittelteil zuständig blieb.

Diese Verteilung bringt Heinz Stoob, der sich grundlegend mit Dithmarschens Geschichte beschäftigte, mit den Unterbezirken des alten Gaues Dithmarschen, den Döfften, in Verbindung und stuft sie auch zeitlich ab. Döffte kennen wir allerdings nur aus den Zeiten der Republik Dithmarschen, dem 13. bis 16. Jahrhundert. In ihr bildeten sie Kirchspielsgruppen, die in begrenztem Maße noch als Aufgebotsbezirke fungierten. Funktion und Name lassen jedoch sehr viel ältere Gebilde vermuten, nämlich Unterbezirke des alten Gaues. Döffte haben nämlich mit Taufen und Taufbezirken nichts zu tun, wie

Meldorf, Südseite, ca. 1908

immer wieder einmal in Ortschroniken zu lesen ist. Das Wort ist vielmehr ursprünglich mit „Ducht" verwandt, mit Ruderbank und der zu ihr gehörenden Mannschaft. Es ist also eine Bezeichnung für kriegerische und rechtliche Gemeinschaft – was zu den ihr offenbar als Rest noch verbliebenen Funktionen in der Republik paßt. Sie waren Aufgebotsbezirke, d. h. eben auch zuständig für Friedenswahrung innerhalb ihres Gebietes vermutlich schon in karolingischer und vorkarolingischer Zeit (Karl der Große, 768/814).

Die Bedeutung wäre dann so vorzustellen: Meldorf war der Gaumittelpunkt, Hauptversammlungsplatz für die gesamten freien Männer Dithmarchens, Weddingstedt Versammlungsort der Norderdöfft, Tellingstedt der Osterdöfft und Süderhastedt der Süderdöfft. Diese drei Orte erhielten, so Stoob, als erste ihre eigenen Kirchen, und zwar vor 1070. Für sie wäre Meldorf die von Adam sogenannte Mutterkirche gewesen. Und zu ihnen gehörten auch die weitläufigen Vorlandsiedlungen, d. h. in der unbedeichten Marsch, zu Weddingstedt die nördlichen und zu Süderhastedt die südlichen.

Diese Theorie, die die neuen Kirchspiele mit der vermutlich vorhandenen politischen Gliederung zusammenbringt, hat sehr viel für sich, weil das auch fernerhin so blieb. Die Kirchspiele wurden in Dithmarschen zugleich politische und juristische Bezirke mit weitgehender Autonomie. Sie wurden im 13. Jahrhundert die Hauptträger der Entwicklung der Bauernrepublik, die eine Bundesrepublik war, ein

Zusammenschluß sehr selbständig operierender Kirchspiele. Letztere hatten in Dithmarschen etwa dieselbe Funktion wie die Kantone in der Schweiz.

Nach diesen ersten drei in den Untergauzentren eingerichteten Kirchen dürfte dann mit der Eindeichung der Vorländereien, mit ihrer Umwandlung also in Marschland, dort eigene Kirchspiele geschaffen worden sein. Das und die erste große Eindeichung würden also zwischen 1070 und 1140 zu vermuten sein.

Die erste große Deichlinie verlief etwa entlang der heutigen B 5 von Brunsbüttel über Marne nach Meldorf und von Meldorf aus weiter entlang der heutigen Hafenchaussee und der Straße über Barsfleth–Ketelsbüttel nach Wöhrden und um Wesselburen herum über Süderdeich und Norddeich nach Hemme bis an die Nehrung im Norden. Diese langen Deichlinien, die einen von jahrhundertelang benutzten Wohnhügeln vorgezeichneten Weg nahmen, dürften nur durch einen überörtlichen Organisator möglich geworden sein, vermutlich den damaligen Landesherrn, den Grafen von Stade. Er mag dann auch die Errichtung der Marschkirchspiele initiiert haben (wenn nicht auch die der Geest), Uthaven für den Südteil, Meldorf und Weddingstedt weiterhin für den mittleren Abschnitt, Lunden für den Norden und Büsum für die Insel. Auffällig bleiben dabei die extremen Randlagen von Uthaven/Brunsbüttel, sofern sie identisch sind, und Lunden. Es mag aber sein, daß die ersten Marschkirchen günstig am offenen Wasser liegen sollten, das für die Vorland- und späteren Marschbewohner der gewohnte und am meisten benutzte Weg gewesen sein dürfte. So ja auch bei Meldorf.

Der grosse Boom im 12./13. Jahrhundert

Die Kirchenorganisation wäre also der Schaffung und Kultivierung der Marsch gefolgt und ähnlich auch der Vergrößerung und Vermehrung der Siedlungen auf der Geest, ein Vorgang, der sich über Generationen hinzog und geburtenstarken Jahrgängen neue Ernährungsmöglichkeiten bot. Das lief auch in der zweiten Hälfte des 12. und im 13. Jahrhundert weiter und führte in Ostholstein zum Ausgreifen der Herrschaft und Besiedlung auf bis dahin von Slawen bewohnte Gebiete im Bereich Lauenburg, Mecklenburg und weiter östlich.

Gleichzeitig entstanden zahlreiche neue Städte, entweder aus älteren Marktsiedlungen oder aber sehr häufig auf neuen Plätzen. Irgendwann vor 1200 oder in den Jahrzehnten danach muß auch Meldorf entstanden sein, die Stadt Meldorf, die offensichtlich um die Kirche und den großen, bereits jahrhundertelang benutzten Versammlungsplatz herumgebaut worden ist.

Im Zusammenhang mit dem Aufwachsen der Stadt Meldorf ist bisher auch der Neubau der Meldorfer Kirche, des heutigen Domes, etwa seit der Mitte des 13. Jahrhunderts gesehen worden. Er übertraf und übertrifft alle anderen Kirchen Dithmarschens an Größe, an Reichtum der Architektur, an Baumaterial. Die damals sehr aufwendig zu brennenden Backsteine, aus denen er aufgerichtet worden ist, sind erst seit dem nachfolgenden 14. Jahrhundert auch für Dorfkirchen genommen worden.

Dieser buchstäblich überragende Bau erscheint über seine Funktion als Kirche der einzigen Stadt Dithmarschens hinaus als Ausdruck der Bedeutung Meldorfs als Zentralort für die sich im 13. Jahrhundert bildende Landesgemeinde – Republik – Dithmarschen.

Die Ausgrabungen im Dom 1991/92 haben überraschenderweise Reste eines Vorgängerbaues ans Tageslicht gebracht, der keine 100 Jahre alt gewesen sein kann, als der neue, heutige Bau begonnen worden ist. Und dieser Vorgängerbau war nicht kleiner und relativ aufwendig, zum Teil auf behauenen Feldsteinen gegründet worden.

Diese Funde lassen es möglich erscheinen, die Stadtwerdung Meldorfs doch schon in der zweiten Hälfte des 12. Jahrhunderts anzunehmen und mit ihr zusammen den Verselbständigungstendenzen Dithmarschens bereits im 12. Jahrhundert größeres Gewicht beizumessen. Heinz Stoobs Beitrag „Meldorf als Landesvorort Dithmarschens in staufischer Zeit" in dem Buch „700 Jahre Meldorf" von 1965 bekommt dadurch neue Aktualität.

Die Ausgrabungen im Meldorfer Dom lassen erkennen, daß auch die Kirche am Hauptversammlungsplatz der Dithmarscher einbezogen war in einen Bauboom und einen Strukturwandel, der in der zweiten Hälfte des 12. und im 13. Jahrhundert viele Bewohner des Landes beschäftigte und erfaßte. In den 140 Jahren von etwa 1140 bis 1281, in denen in Meldorf zweimal zu einem Kirchenneubau angesetzt worden ist, sind in Dithmarschen über die Urkirchspiele hinaus acht weitere Kirchen gegründet und ihre Distrikte von den bestehenden Kirchspielen abgeteilt worden: von Süderhastedt Burg, Eddelak, Marne; von Tellingstedt Albersdorf, vermutlich Hennstedt, Delve; von Weddingstedt Wesselburen und Wöhrden. 15 Kirchen bestanden 1281, als sie in einer Vertragsurkunde bezeugt werden, also bereits politisch aktiv sind. Bei der Zahl von 15 wird stillschweigend angenommen, daß Brunsbüttel mit Uthaven identisch sei. Direkt genannt wird Brunsbüttel 1281 nicht. Das mag aber politische Gründe haben, da es um Strandrechtsfragen ging. Genannt wird Brunsbüttel erst 1286 zum ersten Mal. Es gehört also auf jeden Fall zu dieser zweiten Gruppe, zu den älteren Kirchen, wie sie im Unterschied zu den Urkirchspielen genannt werden können.

Die Zahl der Kirchen verdoppelte sich in Dithmarschen also von 1140 bis 1281/86. Das geschah offensichtlich in organisierter Verteilung. Erst jetzt, als es 15 Kirchen gab, wurde es den Bewohnern Dithmarschens möglich, den nächsten Kirchort an einem Tag für einen sonntäglichen Gottesdienst zu erreichen. Diese Erreichbarkeit war auch für die Ausbildung selbständig agierender politisch-rechtlicher Körperschaften wesentlich.

Die Vermehrung der Kirchen ist ja als Teilung der jeweils älteren und größeren Kirchspiele zu denken. Dabei dürften die politischen Zuständigkeiten mit auf die neuen Kirchspiele übergegangen sein. Nur so, durch Erreichbarkeit und Kompetenzteilung, ist es nachvollziehbar, daß die Kirchorte Mittelpunkte der sich im 13. Jahrhundert sehr selbständig entwickelnden Landesgemeinde Dithmarschen wurden.

Das Ganze mag sich so lesen, als sei der Aufbau der Kirchspielsorganisation lediglich eine Folge der Gewinnung der Marsch, der Vermehrung der Siedlungen auf der Geest und des sich in der Gründung Meldorfs zeigenden Strukturwandels, durch den in Dithmarschen wie im übrigen Nordeuropa mit der Ausbildung des Städtewesens ein neues wirtschaftliches, soziales, kulturelles System entstand.

Die Priester und die Emanzipation des Individuums im 12./13. Jahrhundert

Aber nicht diese Veränderungen dürften einen Ausbau der Kirchenorganisation bewirkt haben. Wenn ein Bedarf danach bestanden hätte, wäre es auch schon in frühester Zeit denkbar gewesen, das Land mit einem System von Kirchen und Kirchspielen zu überziehen, wenn auch in bescheidenerer Form. Warum geschah es erst seit der zweiten Hälfte des 11. und vor allem im 12. und 13. Jahrhundert? Dahinter dürfte stecken, was wir am kürzesten als einen neuen Geist bezeichnen können. Die Kirche verselbständigte sich gegenüber der Herrschaft der Fürsten, die sie voll integriert hatten und die die hohen kirchlichen Ämter nach Gutdünken besetzten, nicht immer mit „Fachleuten". Das Verselbständigungsstreben kam am spektakulärsten im Investiturstreit zwischen Kaiser und Papst zum Ausdruck (1077, Kaiser Heinrich IV. geht nach Canossa!). Reformbewegungen disziplinierten das Klosterleben, gründeten neue Mönchorden, erneuerten und erweiterten die Glaubenslehre (Scholastik), sorgten in den Klosterschulen für mehr qualifizierten Nachwuchs.

Das wirkte sich offenbar auch auf Randgebiete des Reiches aus, zu denen Dithmarschen gehörte, und schlug sich in Einzelheiten nieder. In dieser Periode hörte vermutlich die Gruppentaufe auf. Es dürfte sich auch bei uns die individuelle (Kinder-?)Taufe durchgesetzt haben. Auch begannen die Geistlichen Wert darauf zu legen, bei der Hochzeit mitzuwirken, wenigstens durch eine Segnung des durch Familienverträge rechtsgültig getrauten Paares. Schließlich gibt es kaum einen Zweifel, daß mit den neuen Kirchen Friedhöfe angelegt wurden, die Beerdigungen also ebenfalls in zunehmendem Maße von der Kirche abgesegnet wurden, die im 12. Jahrhundert ein Begräbnisrecht der Pfarrkirchen entwickelte. Neue Priestergenerationen, die buchstäblich „vor Ort" lebten und handelten, dürften wesentlich zur Durchsetzung dieser neuen Formen beigetragen haben, zum Teil auch gegen ihren Bischof, dem bis dahin das Recht der Taufe zustand.

Was bedeutet das für die Bewohner? Die Kirche wurde für das Leben der einzelnen Personen wichtig. Eine neue Form religiösen Denkens gewann immer mehr an Boden. Das, was die großen Menschen des Abendlandes vorgelebt hatten, wirkte sich gewiß auch auf unsere

Landschaft aus. Eine neue, durch die Individualität geprägte Frömmigkeit eines Bernhard von Clairvaux (1090–1153) kennzeichnet eine große Bewegung, die Schule machte. Das kanonische (Kirchen-) Recht, das in vielen Dingen auf die Römer zurückgeht, respektive die Lehren der einst noch im römischen Reich geborenen Kirchenväter wie Augustinus u. a. breiteten sich aus mit der Auffassung, jeder Mensch habe eine Seele, Mann und Frau und Kind seien gleich wichtig vor Gott. Entsprechend versuchten die Priester zu erreichen, daß die Töchter nicht mehr einfach von den Vätern nach Gutdünken verheiratet, sondern wenigstens gefragt und bei der Trauung von den Priestern gesegnet wurden. Und ihre Säuglinge waren schon als Kind wichtig genug, um sogleich durch die Taufe in die Gemeinschaft der Kirche aufgenommen zu werden. Ein wesentlicher Wandel gegenüber der früheren Taufe, die in Gruppen nur ein- oder zweimal im Jahr vom Bischof vorgenommen worden sein dürfte.

Der Ausbau der Kirchenorganisation erscheint also als die Folge großer geistiger Bewegungen. Ob der Landesherr, bis 1144 die Stader Grafen, oder das Domkapitel in Hamburg als Kirchenherr den Aufbau der Kirchenorganisation konzipierten, läßt sich nicht sagen. Möglicherweise geschah es in Abstimmung. Allemal dürfte es schrittweise geschehen sein, vor allem aber im Sinne neuer Denkrichtungen, die das ganze Abendland erfaßt hatten. Sie enthielten die Entdeckung der Einzelperson mit seiner Glaubenswelt.

Der Ausbau der Kirchenorganisation muß in Dithmarschen von bestimmten „Bürger-Initiativen", wie wir es heute nennen würden, aufgegriffen und realisiert worden sein. Offensichtlich sind nämlich mit der Aufteilung des Gebietes der einen Gaukirche in Meldorf in weitere Kirchspiele auch gewisse politisch-militärisch-juristische Funktionen des Gaues mit geteilt worden und auf die neuen Kirchspiele übergegangen. Diese Kirchspiele treten uns nämlich bei ihren ersten Nennungen, 1281 etwa oder 1286, nicht als kirchliche Gemeinden, sondern als politisch agierende Körperschaften entgegen, als Vertragspartner von Hamburg in Sachen Strandraub.

Die Bildung der Kirchspiele und ihre „Bürger-Initiativen" erscheinen als Auswirkung einer neuen Form dörflicher Gemeindebildungen, die seit dem 11./12. Jahrhundert in vielen europäischen Ländern zu beobachten ist und auch für Schleswig-Holstein angenommen wird. Mit ihnen wird die dörfliche „Verfassung" lokal fixiert, im Unterschied zu älteren, über personale Zusammenschlüsse organisierte Formen, wie sie in Dithmarschen in den Geschlechterverbänden noch länger neben den lokalen Einrichtungen bestehen blieben.

Die Gemeindebildung ging Hand in Hand mit neuen Fluraufteilungen und -verfassungen, die im Grundsatz bis zur sogenannten Verkoppelung des 18. und 19. Jahrhunderts bestehen blieben. Sie basierten auf individuellen Haus- und Ackerbesitz einerseits, Flurzwang und Allgemeinbesitz an Weiden, Wiesen und Wäldern andererseits. Auch im Dorf also tauchen individuelle Besitz- und Rechtspositionen auf, in enger Verzahnung allerdings mit der Einbindung in überpersönliche, örtlich festgelegte Verbindlichkeiten.

Das gilt prinzipiell auch für die Marsch, obgleich dort der individuelle Anteil größer war, auch die Weide einschloß. Auf der anderen Seite war die genossenschaftliche Einbindung zur Gewinnung, vor allem zu ständig notwendigen Erhaltungsarbeiten an den Deichen und Gräben ebenfalls sehr stark. Dennoch mag es sein, daß gerade die Landgewinnung nicht nur der Genossenschaft, sondern auch den Individualisierungstendenzen Nachdruck verlieh.

Die Neubildungen dürfen als ländliches Gegenstück zum Städtewesen gesehen werden, das sich gleichzeitig entwickelte und in dem der einzelne Bürger mit seinen neuen individuellen Rechten auch ins übergeordnete Ganze eingebunden blieb.

Das alles gehört m. E. zu dem Nährboden für die Ausbreitung individueller Glaubensvorstellungen, für die Gestaltung des individuellen Lebens durch die Kirche (Taufe, Trauung, Beerdigung, Gottesdienste) und also für den Ausbau der Kirchenorganisation.

Aus dieser politisch-republikanischen gemeindlichen Bewegung in Dithmarschen gingen Ratskollegien als leitende Organe hervor, in denen große Bauern das Wort führten. Es verband sich in den neuen Dithmarscher Kirchspielen also eine tiefgreifende, europaweite geistige Revolution mit einer ebenso weitläufigen politisch-republikanisch-gemeindlichen Tendenz. Sie führte auch zur Gründung der typisch mittelalterlichen Städte mit ihren Ratsverfassungen im 12./13. Jahrhundert, parallel mit dem Ausbau der Dithmarscher Kirchspiele. Diese Kirchspiele errangen wie die Städte erhebliche politische Autonomie und waren bis zum Einsetzen des dithmarsischen Gesamtrates der 48er im Jahre 1447 die eigentlichen Träger der politischen Gewalt in Dithmarschen. Es war eine Bundesrepublik, bestehend aus bäuerlichen Kirchspielen.

Das alles, die Einrichtung der Kirchspiele, der Bau der ersten noch bestehenden Kirchen, die Etablierung der republikanischen Ratsverfassungen in den Kirchspielen – wie in den Städten –, hat sich vor allem zwischen 1140 und 1281/1300 abgespielt. Diese Ratskollegien der Kirchspiele, zu deren Zuständigkeiten außer kirchlichen Angelegenheiten die Aufrechterhaltung der öffentlichen Sicherheit und Ordnung, also auch wohl militärische Aufgaben, ferner bestimmte Gerichtsbarkeiten und das Recht zur Erhebung finanzieller Umlagen gehörten, diese Ratskollegien waren vermutlich schon damals wie auch später bis zur preußischen Zeit (1867) Bauherren der Kirchen, ihrer Kirchen, den einzigen öffentlichen Gebäuden dieser kleinen ländlichen Gemeinwesen. In speziell geistlichen Dingen, Gottesdienstordnung etwa, Glaubensfragen, Ahndung unsittlichen Lebenswandels, hatten sie sich nach ihren Kirchherren, dem Hamburger Domkapitel, zu richten. Das blieb in Dithmarschen für geistliche Dinge zuständig, auch als der Erzbischof von Hamburg/Bremen im Jahre 1227 zugleich geistlicher und weltlicher Schutzherr der aufstrebenden Republik wurde. Sein Amt dokumentiert die enge Verzahnung von Kirche und Herrschaft, von Geistlichem und Weltlichem.

Sonderinteressen zeichnen sich ab: Nachzügler

Mit den 15 Kirchspielen von 1281/86 war Dithmarschen einigermaßen gleichmäßig versorgt. Dennoch blieb es nicht bei dieser Zahl. In den nächsten 65 Jahren, bis 1350, sind vier weitere Kirchspiele gegründet worden. Zwei entstanden auf der Geest, Hemmingstedt und Nordhastedt, vermutlich beide von Weddingstedt abgeteilt. Beide treten 1343 zuerst in Erscheinung. Ein Motiv für ihre Gründung mag gewesen sein, daß sie von Weddingstedt aus am weitesten im Süden lagen. Die Annahme liegt nahe, daß auch lokale Tendenzen mitspielten, die Selbständigkeit zu forcieren. Dafür spricht, daß beide Kirchspiele relativ klein blieben. Zu Nordhastedt gehörten nur Osterwohld und Westerwohld, deren Namen es schon besagen: Siedlungen, die durch Rodung des Riesewohlds angelegt worden sind. Und auch im Kirchspiel Hemmingstedt deutet der Ortsname Lohe auf

Hemmingstedt, ca. 1900, Ausschnitt aus einer Mehrfachkarte

Nordhastedt, ca. 1910

Neuenkirchen, ca. 1908

Rodung sowie andere, Norder- und Süderwurth (Volkerswurth), auf Kultivierung höhergelegener Niederungsteile hin, also auch auf Zugewinn von neu kultiviertem Land.

Deutlicher zeichnen sich für uns zum ersten Mal lokale Verselbständigungstendenzen bei den beiden anderen in der Marsch gegründeten Kirchspielen ab, bei Neuenkirchen, das von Wesselburen, und bei Hemme, das von Lunden abgeteilt wurde. Sie tauchten 1323 zuerst bei der Unterzeichnung eines Vertrages mit dem Grafen Gerhard dem Großen von Holstein auf, also politisch aktiv.

Die Kirche in Neuenkirchen gilt als besonders reich, ausgestattet mit Einkünften aus der hier sehr fruchtbaren Marsch. Die Geschlechter der Hodiemannen und Todiemannen dürften bei der Gründung entscheidend mitgewirkt haben. Sie beanspruchten dafür das Recht, wichtige Ämter im Kirchspielsrat mit ihren Angehörigen zu besetzen (nach Marten-Mäckelmann). Ein Abendmahlskelch von etwa 1350, aus der Zeit bald nach der Gründung also, trägt die Wappen dieser beiden Geschlechter, sicher als Zeichen ihrer Stiftung. Das Kirchspiel ist das größte der vier Neugründungen mit mehreren Marschgemeinden.

Klein blieb dagegen Hemme. Die Kirche hatte angeblich einen Vorgänger dicht an der Eider in Kampen, das wegen Verlagerung des Stromes aufgegeben werden mußte. Nach einer Sage, mitgeteilt von Marten-Mäckelmann, banden die Bewohner zwei Kühe in einem Joch zusammen und ließen sie frei. Wo sie grasen würden, sollte die Kirche

Hemme, mit Glockenturm, ca. 1910

stehen. Damit wurde erklärt, warum die Kirche soweit am östlichen Rand des kleinen Kirchspiels gebaut worden ist. Die Geschichte dürfte aber nachträglich erfunden worden sein nach dem Muster vieler ähnlicher Sagen. Tatsächlich waren die Ortschaften Bargen und Flehde auf der Nehrung östlich der heutigen Kirche sowie Groven nördlich in der Marsch ursprünglich mit dabei, eine eigene Kirche einzurichten. Wegen Zwistigkeiten beim Bau sollen sie abgesprungen und bei Lunden verblieben sein. Dahinter mögen soziale Spannungen gestanden haben. Auf dem Dünensand der Nehrung siedelten nur kleine Leute, für die der Boden in der Marsch unerschwinglich war. So liegt es auf der Hand, Differenzen wegen des Aufwandes beim Kirchenbau zu vermuten. Bei der neuen, der Maria, „Unserer lieben Frau" gewidmeten Kirche blieben dann nur Hemme, Hemmerwurth und Zennhusen, reine Marschorte.

Mit den beiden Bauten in Neuenkirchen und Hemme begann ein neuer Abschnitt des Kirchenbaues. Es sind die ersten Dorfkirchen, die von vornherein vollständig aus Backstein errichtet wurden. Auch tauchen neue Formen auf, worüber später zu sprechen sein wird.

Wie die ältesten Kirchen gebaut wurden

Bei der Betrachtung der Kirchenbauten darf nicht davon ausgegangen werden, daß die Gründung der Kirchspiele mit der Bauzeit der noch stehenden Kirchen übereinstimmt. Vor allem die ältesten Bauten müssen jünger sein als ihre Kirchspiele. Genauere Daten lassen sich über die Bauzeiten nicht finden. Keine Urkunde, keine Kirchenrechnung, keine Kirchenchronik reicht soweit zurück. Allenfalls gibt es Gründungssagen. Auch sind alle alten Kirchen – außer Meldorf – aus Feldsteinen errichtet worden, ohne Gewölbe im Inneren oder Reliefierungen am Äußeren – außer in Weddingstedt –, die Anhalte für Datierungen geben könnten. Alle alten Bauten sind einfache Säle, wenn man will: Kästen, zum Teil auch Doppelkästen, Hauptschiff und etwas schmalerer, „eingezogener" Chor, beide auf rechteckigem Grundriß, im Inneren mit Balkendecke, außen mit Satteldach überdeckt.

Da bleiben, um charakteristische Unterschiede zu finden, bestenfalls die Fragen, wie das Mauerwerk und seine Kanten aufgesetzt und wie Fenster und Portale hineingesetzt worden sind. Das ist nicht eben viel. Und doch läßt sich im Vergleich der Kirchen untereinander und mit denen in anderen Landschaften ein wenig herausfinden.

Der beherrschende Eindruck bei den alten Dithmarscher Dorfkirchen ist immer wieder das urtümlich wirkende, unregelmäßig aus verschieden großen Feldsteinen gesetzte Mauerwerk, überall mit Flickstellen aus anderen Steinformaten oder Materialien. Sie sehen sehr alt aus und erinnern an die älteste Kirchenwand Schleswig-Holsteins, den unteren Teil mit den kleinen Fenstern von der Nordwand in Schenefeld (zwischen Heide und Itzehoe), die vielleicht nicht aus karolingischer, aber vermutlich aus ottonischer Zeit stammen soll, jedenfalls sehr alt ist, älter als alle anderen. Auch dort findet man die unregelmäßigen Steingrößen, kombiniert mit ausgleichenden Schichten aus kleineren Steinen, dazu sehr kleine Fenster mit Rundbögen und Spuren eines seitlichen Portals unterhalb des Westfensters.

Die Dithmarscher Kirchen wirken altertümlicher als etwa die vielen romanischen Kirchen in Jütland, die seit ungefähr 1140 säuberlich aus mühsam zu Quadern gehauenen granitenen Feldsteinen aufgerichtet worden sind. Dennoch dürfte der Augenschein täuschen. Nach Aussagen der Fachleute stammen die ältesten Kirchen in Dithmarschen auch aus der zweiten Hälfte des 12. Jahrhunderts. Sie stehen in den Urkirchspielen Lunden, Weddingstedt, Tellingstedt, Süderhastedt – Büsum und Brunsbüttel besitzen Neubauten des 15. bzw. 17. Jahrhunderts. Bei den vier alten Kirchen ist der Kern noch deutlich erkennbar, der einfache rechteckige Saalbau. Lunden und Tellingstedt haben dazu einen gleichartigen, eingezogenen Kastenchor. Der Weddingstedter Kastenchor ist merkwürdigerweise in Backstein gemauert, dürfte wohl nachträglich angesetzt sein, freilich in alter Form. Anders ist es in Süderhastedt, dem kleinsten alten Bau, bei dem der Chor in spätgotischer Zeit (15. Jhd.) in Schiffbreite, Backsteinmauerwerk und dreiseitigem Abschluß herangebaut worden ist. Möglich ist, daß er einen Kastenchor ersetzt hat. In Lunden ist ein anderer Weg der Vergrößerung gewählt worden. Dort wurde im 14. oder 15. Jahrhundert der Chor um einen im Backstein gemauerten Teil mit dreiseitigem Abschluß verlängert, wobei der alte Kastenchor erhalten blieb.

Bei näherer Betrachtung gibt es einige Unterschiede zwischen diesen ältesten Bauten. In Lunden, von diesen vier Kirchen nur in Lunden, ist im ältesten Teil Tuffstein verwendet worden, ein vulkanisches Gestein vom Rhein aus der Gegend von Andernach. Es ist zuerst wohl schon vor der Mitte des 12. Jahrhunderts, vor 1150 also, für die Dome in Riebe und Schleswig per Schiff herangeholt worden. Nach 1150 ist Tuff selbst für Dorfkirchen in der Umgebung von Riebe verbaut worden. Und auch am Eider-Treene-Weg, den die Schiffe nach Schleswig nehmen mußten, finden wir eine Tuffstein-Kirche, in Hollingstedt, dort, wo das Material vermutlich aus den Schiffen auf Fuhrwerke umgeladen worden ist, damit es nach Schleswig gebracht werden konnte.

Diese Einfuhren blieben in Dithmarschen nicht unbekannt. Auch in den Fundamenten des heutigen Domes in Meldorf sind 1991 Tuffsteinbrocken gefunden worden, die vom Vorgängerbau stammen dürften. Ferner findet sich am alten Rundturm von Wesselburen noch heute eingebauter Tuffstein.

Auf der Fahrt nach Schleswig kamen die Frachtschiffe nicht weit von Lunden vorbei, wenn nicht sogar einzelne Lundener mit von der Partie waren. Bemerkenswert und sehr bezeichnend für die Küstenlage unserer Landschaft ist, daß es in der zweiten Hälfte des 12. Jahrhunderts immer noch billiger oder einfacher zu sein schien, Tuffstein vom Rhein heranzuholen statt Backsteine zu brennen – was bereits für den Ratzeburger Dom geschah, den ersten großen

Wesselburen, ca. 1910

Backsteinbau nördlich der Elbe. Selbst in Schleswig zog der Backstein erst ungefähr um 1200 ein.

Lunden wäre also in die zweite Hälfte des 12. Jahrhunderts zu datieren, vielleicht schon bald nach der ersten Nennung von 1140. Was vorher dort stand, muß offen bleiben. Da die Gründung des Kirchspiels nur ein oder zwei Generationen zurückgelegen haben könnte, liegt die Annahme eines Provisoriums, eines Holzbaues, auf der Hand, sofern die Gottesdienste nicht im Freien gehalten wurden wie 1559, als etliche Kirchen ausgebrannt waren. Mit Holz kannten sich die damaligen Bewohner aus. Der Steinbau war etwas Neues für die Landschaft, von Meldorf einmal abgesehen. Dafür versprach der Stein Dauer, Standfestigkeit und Ewigkeit, real gesehen und auch symbolisch zu verstehen.

Wie das mit dem provisorischen Vorgängerbau und dem Aufrichten

Lunden, Südseite, ca. 1910

einer Steinkirche im einzelnen zu verstehen ist, läßt sich nur in der Phantasie ausmalen. Nach dem Beschluß, ein eigenes Kirchspiel zu gründen, mußte ein Platz für den Kirchenbau und ein Raum für den Gottesdienst bereitgestellt werden, sobald es gelang, einen Pfarrer zu bekommen. Vermutlich haben die Männer damals von vornherein damit gerechnet, daß die Errichtung eines Steinbaues mehrere Jahrzehnte in Anspruch nehmen würde, auch wenn es sich nur um eine nach unseren Maßstäben einfache Feldsteinkirche handelte. Allein die Materialbeschaffung war mit den damaligen Fahrzeugen ein langweiliges Geschäft. Es gab wohl noch genug Steine in der näheren und weiteren Umgebung, die sich heranholen ließen. Aber wie?

Wir wissen nicht, in welchem Umfange schon Ackerwagen zur Verfügung standen, mit Sicherheit würden sie aber nicht für sehr schwere Lasten geeignet gewesen sein, das heißt nur für eine kleine Partie von Steinen. Näher liegt der Gedanke, daß Schlitten benutzt worden sind wie die späteren Ackerschleupen. Wir können auch nicht davon ausgehen, daß ganz selbstverständlich schon Pferde als Zugkraft zur Verfügung standen, mit Sicherheit nicht überall. Oft werden Rinder davorgespannt worden sein. Die Herstellung der Fahrzeuge war wegen der einfachen Werkzeuge sehr viel langwieriger und schwieriger, als wir es aus historischer Zeit gewohnt sind. Für das Zubereiten von Brettern etwa standen noch keine Sägegatter oder große Sägen zur Verfügung. Wenn zwei Schalwände aus Holz gebaut wurden, zwischen

14 alte Aquarelle Dithmarscher Kirchen

Meldorf

Weddingstedt

Lunden

Brunsbüttel

Eddelak

Albersdorf

Hennstedt

Delve

Wöhrden

Hemmingstedt

Heide

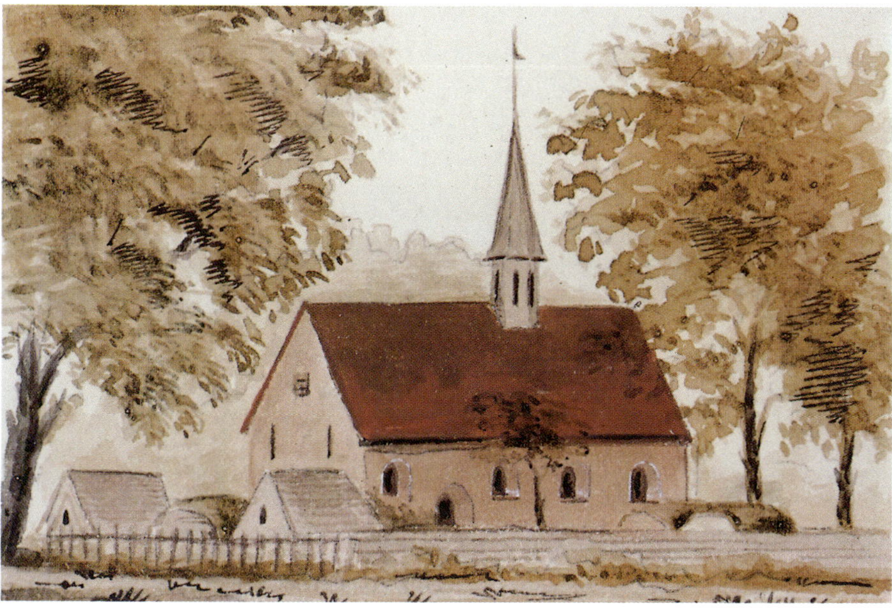

St. Annen

Windbergen

St. Michaelisdonn

Tellingstedt, ca. 1930

denen Feldsteine und Mörtel aufgeschichtet wurden, mußte man sicherlich auf gespaltenes Holz zurückgreifen. Die Balken für Dächer und Decken sind allein mit dem Beil gewonnen worden, vom Fällen bis zum Zurichten nach Maß.

Ein Problem dürfte auch die Beschaffung des Mörtels gewesen sein. Es ist fraglich, ob bei uns damals Muschelkalk gewonnen wurde. Wahrscheinlicher ist die Beschaffung von Gips aus Segeberg, vielleicht auch von Helgoland. Auf alle Fälle waren das alles langwierige Transporte und Beschaffungen, bei denen jeweils nur relativ kleine Mengen mit einem Fahrzeug zu schaffen waren.

Ähnlich wie in Lunden haben wir uns die Kirchen in Tellingstedt und – vielleicht – Süderhastedt vorzustellen. Nur ist dort kein Tuff verwendet worden. Alles wurde mit Feldsteinen gemacht, ein festes und billiges Material. Tellingstedt und Süderhastedt sind in gleicher Weise mit unregelmäßig gesetzten und unterschiedlich großen Steinen wie Lunden errichtet worden. Nur in Tellingstedt scheint am Anfang, im Chor, der Versuch unternommen worden zu sein, ein regelmäßiges Mauerwerk zu schaffen. Es blieb aber bei diesem sorgfältigen Anfang.

Während Lunden und Tellingstedt einer Größenordnung angehören, ist die Kirche in Süderhastedt deutlich kleiner. Das mag die Folge eines im Vergleich kleineren Kirchspiels auf der schmalen südlichen Geest sein, kleiner als Tellingstedt, das die größere nördliche Geest als Einzugsgebiet besaß.

Süderhastedt, aus einer Mehrfachkarte, ca. 1940

Über die Bauzeit läßt sich nichts Genaueres sagen als: vermutlich zweite Hälfte des 12. Jahrhunderts oder letztes Drittel, wie Bettina Gnekow in ihrer Dissertation von 1989 vermutet. Sie meint, Tellingstedt sei vielleicht der älteste Bau des nördlich der Elbe gelegenen Teiles des Bistums Hamburg. So ganz durchsichtig sind ihre Datierungen mir allerdings nicht geworden.

In jedem Falle scheint es so, als wenn wir auch für Tellingstedt und Süderhastedt provisorische Holzbauten oder andere Vorgängerlösungen vermuten müssen, die nur wenige Generationen überdauerten. Offenbar hat der Kirchenbau in der zweiten Hälfte des 12. Jahrhunderts einen kräftigen Schub bekommen, ähnlich auch in Jütland und, vielleicht etwas später, in Holstein.

Rundtürme als Wehrtürme?

Aus dem östlichen Holstein, speziell aus dem Bereich des Bistums Lübeck, sollen die Kirchen mit den Rundtürmen kommen. Dort bilden sie jedenfalls die älteste stark vertretene Gruppe, nach Bettina Gnekow vielleicht mehr Ende als Mitte des 12. Jahrhunderts zu datieren. Meistens sind sie in sogenannter Gipsgußtechnik errichtet, also aus Feldsteinen, die mit Gipsmörtel aus Segeberg zwischen Schalbrettern aufgeschichtet worden sind. Dabei wurde die Schalung an den Außenseiten mit Mörtel verfüllt, so daß ein verputzter Bau mit glatten Wänden entstand, auf denen sich, soweit alte Schichten erhalten, die Schalbretter abdrückten. Das Ganze war dem heutigen Betonbau nicht unähnlich.

Zu dem Rundturm gehörten ein Schiff, ein schmalerer Chor und oft eine halbrunde Apsis, letztere etwa in Hademarschen erhalten, um ein benachbartes Beispiel zu nennen. Nach diesem Muster ist auch die Kirche des vierten Urkirchspiels in Weddingstedt gebaut worden, vermutlich allerdings ohne Apsis. Bisher fand sich von ihr jedenfalls keine Spur. Und vom Rundturm steht nur noch ein Stumpf ohne alte Außenhaut, aber innen mit einem nahezu im Urzustand erhaltenen Gewölbe aus Feldsteinen. An ihm sind noch Abdrücke der Schalbretter erkennbar, auf denen die Rundung errichtet worden ist. Als einzige Kirche in Dithmarschen zieht sich an der Südwand außen unter der Dachtraufe ein Rundbogenfries hin, ebenfalls in Feldsteinen gesetzt. Er dürfte ursprünglich sehr viel exakter, scharfkantiger ausgesehen haben, da er vermutlich in Putz saß und in Gußtechnik hergestellt worden ist – wie in Holstein.

Über die Datierung gibt es keine einhellige Meinung. Nach 1150 sicherlich, eher vielleicht gegen 1200. Möglich wäre auch, daß der Turm nachträglich herangesetzt worden ist. Der Gedanke liegt nahe, weil die zwei anderen Rundtürme, die in Dithmarschen bekannt sind, an Bauten stehen, die zur zweiten, zwischen 1140 und 1281/86 gegründeten Generation der Kirchspiele gehören, nämlich in Wesselburen und Albersdorf. (Ein dritter Rundturm in Delve ist nach den veröffentlichten Angaben erst um 1500 gebaut und nach 1559 wieder abgerissen worden. Er fällt für die Betrachtung aus.)

In Wesselburen ist der Rest des Rundturmes 1737/38 mit

Weddingstedt, ca. 1910

Backsteinen ummantelt und unter das barocke Dach genommen worden. In diesem alten Turm war nach Richard Haupt, ein in Baubeobachtungen erfahrener Mann, Tuff verarbeitet worden. Einzelstücke sind heute noch auszumachen. Eine Datierung in die zweite Hälfte des 12. Jahrhunderts drängt sich damit auf. Im 13. Jahrhundert hörte die Verwendung von Tuff in der Regel auf, verdrängt von der sich ausbreitenden Technik der Herstellung und Verarbeitung von Backsteinen. Die Verwendung von Tuff läßt die Idee aufkommen, daß Wesselburen vielleicht sogar früher einen Rundturm hatte als sein Mutterkirchspiel Weddingstedt. Schließlich lag Wesselburen in der jungen, fruchtbaren, weiten Nordermarsch, zog die Wege auf sich und entwickelte sich schnell zum Mittelpunkt. Ist der Gedanke fremd, daß ihre Gemeinde die anderen übertrumpfen wollte? Das lassen auch die in der heutigen Barockkirche eingebauten anderen alten Teile vermuten, schließlich auch die Barockkirche selber.

Nur Wesselburen besitzt und besaß eine halbrunde Apsis (wenigstens nur dort ist sie erhalten). Sie ist außerdem aus Feldsteinen errichtet, deren sichtbare Seiten durch Spaltung der Steine geglättet worden sind. Diese mühselige Technik, die sehr guten Stahl voraussetzte, hat sich in Jütland spätestens seit der Mitte des 12. Jahrhunderts mit wachsender Perfektion verbreitet. Wir finden solche bearbeiteten Steine sonst nicht in Dithmarschen – außer in den Resten des Vorgängerbaues vom Meldorfer Dom, was bei den Grabungen 1991 zutage kam.

Die Verwendung dieser bearbeiteten Steine läßt zweifellos auf höhe-

Albersdorf, ca. 1904

re Ansprüche schließen. Das gilt für Meldorf ohnehin, paßt aber auch sehr gut in die Nordermarsch, ebenso wie das sehr lange Kirchenschiff, das von den Resten des Rundturmes im Westen bis zur Apsis im Osten reichte. Allerdings war es so schmal wie der heutige Chor. Nach Aussage der Funde gab es keinen breiteren Teil. Das fällt aus dem Rahmen nicht nur für Dithmarschen, auch für Holstein. Woher kommt das? Aus Friesland? Nach Bettina Gnekow gab es dort, an der Rheinmündung, seit Mitte des 12. Jahrhunderts ähnliche Bauten (sie meint dazu, Wesselburen sei von Friesen besiedelt worden – eine alte, angesichts der modernen Forschung absurde Theorie).

Neben Weddingstedt und Wesselburen besaß Albersdorf einen Rundturm. Das Kirchspiel gehört wie Wesselburen zur zweiten nach 1140 gegründeten Generation. Der Bau ist nach dem gängigen Muster gebaut, ein rechteckiger Saal mit eingezogenem Chor und, soweit erkennbar, wie üblich aus unregelmäßig gesetzten Feldsteinen errichtet worden ohne Zutat von Tuff oder Backstein. Er mag aus der Zeit um 1200 stammen. Dafür spricht ein 2,20 Meter großes hölzernes Kruzifix, ein Körper des Gekreuzigten, in romanischem Stil. Es ist also ein „siegender" Christus, der mit geneigtem Kopf mehr steht als hängt. Der Körper stammt offensichtlich von einem Triumphkreuz und könnte zur Erstausstattung gehört haben. Seit 1893 ist er im Besitz des National-Museums Kopenhagen, das ihn aus dem Kunsthandel gekauft hat.

Ob der Turm gleich alt war wie das Kirchenschiff, wissen wir nicht. Es gibt keine Reste mehr von ihm. Er brannte 1594 total aus und stürzte ein. Stehen blieb nur der untere Teil mit dem Gewölbe – die Parallele mit Weddingstedt fällt auf und könnte darauf deuten, daß diese alten Türme gelegentlich kopflastig waren. Auf den Resten, dem Stumpf mit dem Gewölbe also, wurde ein stattlicher Holzturm errichtet. Die Trümmer des alten Turmes blieben als Steinhaufen liegen, der mit der Zeit grün überwuchs, so daß späteren Generationen die Herkunft ein Rätsel war. Ein kleines Ölbild im Besitz des Dithmarscher Landesmuseums in Meldorf aus der Zeit um 1850 zeigt diesen Zustand. Bald danach, 1866, ging der Holzturm in Flammen auf. Drei Jahre später ersetzte ihn ein neugotischer Turm. Dabei wurden auch die Trümmerreste des ersten Turmes weggeräumt. Dieser neugotische Turm steckt noch in dem heutigen, der 1964/65 mit Holz ummantelt wurde.

Wann und warum mögen die Albersdorfer ihren ersten Turm errichtet haben? Es ist nicht anzunehmen, daß es hier auf der Geest Ausdruck eines gewissen Wohlstandes gewesen ist wie vielleicht in Wesselburen. Eher wäre an die exponierte Lage des Kirchspieles zu denken. Es liegt an der Grenze zu Holstein, das ja gelegentlich feindliches Ausland war. Und es führt die einzige Landstraße durch das Kirchspiel, die Dithmarschen von Holstein und das heißt, vom Festland her zu Lande erreichbar machte. Dementsprechend ist sie von allen Eroberungs- oder Beutelustigen benutzt worden. An allen anderen Seiten Dithmarschens bildeten unzugängliche Moore oder Gewässer die Grenze.

Es drängt sich also der Gedanke auf, daß der Turm in erster Linie als Wehrturm errichtet worden ist in Analogie zu den damals überall entstehenden Rittersitzen in Form einer Turmburg, eines „Tower", in der Forschung auch Motte genannt. Mit solcher Festungsfunktion werden oft auch die vielen Rundtürme der alten Kirchen im Bistum Lübeck erklärt. Sie stehen dort in den ältesten Kirchspielen, den Gründungen des 12. Jahrhunderts, der Zeit also, in der die gewaltsamen Auseinandersetzungen mit den Slawen noch in den Ängsten der Erinnerungen weiterlebten.

Wir wissen auch, daß Kirchen oder Kirchtürme als Festungen gebraucht oder auch mißbraucht worden sind. Sie waren Jahrhunderte lang die einzigen Steinbauten mit nur kleinen Öffnungen, die sich verrammeln ließen. Sie boten sich also für Verteidigungszwecke an, wobei der Turm als letzte Zuflucht zu denken wäre, allerdings nur für eine kleine Gruppe, eine Stammannschaft sozusagen, sofern es nicht, wie im Falle des Dithmarscher „Seeräubers" Kort Widderick im Jahre 1407 auf Pellworm ohnehin nur eine kleine Mannschaft war. Für diese Leute eignete sich der Turm sicher gut, aber für die aufgebotene

Mannschaft eines Kirchspiels? Da leuchtet es eher ein, wenn wie 1319 in Wöhrden die ganze Kirche einer Mannschaft als Zuflucht und Festung diente.

War der Turm allerdings einmal da, ließ er sich zweifellos gut als Zufluchtsstätte nutzen oder auch zum Einsperren von Leuten. Ob aber die Nutzung als Wehrturm Motiv der Erbauung war, erscheint mir doch fragwürdig. Hätte er dann nicht gerade in Dithmarschen mit seinen relativ alten Kirchen und der früh nachweisbaren Bedeutung der Kirchspiele für Politik, Verteidigung, Friedenswahrung, Rechtsprechung häufiger sein müssen? Und warum gerade in Wesselburen, das nicht sonderlich exponiert liegt, dafür aber in einem wohlhabenden Kirchspiel. Sein Turm und vielleicht auch der von Weddingstedt sprechen eher für die Funktion eines weit sichtbaren Wahrzeichens. So ist es ja noch heute. Türme sind immer weiter gebaut worden, auch wenn sie längst keine Bedeutung mehr als Festung besaßen. Es ist also fraglich, ob die Analogie zu den Ritterburgen richtig ist. Adelssitze für relativ kleine Mannschaften sind doch wohl anders zu bewerten als Bauten im Mittelpunkt eines Kirchspiels.

Bei der Betrachtung der Türme haben wir schon die Gruppe der ältesten, in den Urkirchspielen erhaltenen Bauten verlassen und die in der zweiten Kirchspielsgeneration der Zeit zwischen 1140 und 1281/86 hinzugenommen. Bei allen besprochenen Kirchen, außer Wesselburen, handelte es sich um rechteckige Saalkirchen mit eingezogenem Kastenchor, in Lunden, Tellingstedt, Weddingstedt, Albersdorf erhalten, in Süderhastedt vermutbar. Die Liste wäre zu ergänzen. In Burg, das von Süderhastedt abgeteilt worden ist, steht ebenfalls ein sehr kleiner, der Mutterkirche sehr ähnlicher Bau. In seiner heutigen Form besitzt er einen schiffbreiten, sich gering verengenden Chor. Er mag wie in Süderhastedt, wenn auch nicht ganz so deutlich, Folge einer späteren Änderung sein. Oder sind Süderhastedt und Burg gleich als Säle ohne Kastenchor entstanden, bildeten also eine eigene Spielart, einen einfacheren Typ?

Schließlich besitzen Hennstedt und Delve in der nördlichen Geest noch Bauten respektive größere Bauteile der ältesten Zeit, in Delve noch heute nach dem alten Muster, Saalkirche mit eingezogenem Chor, in Hennstedt mit neuem Chor, einem großzügigen, fast prunkvollen, zweijochig überwölbten gotischen Anbau. Die Vermutung also liegt nahe, daß er einen älteren, bescheideneren, eingezogenen Kastenchor ersetzt hat. Sie wird erhärtet durch die Ähnlichkeit des Schiffes und seiner Mauertechnik mit Delve, aber auch mit Tellingstedt und Lunden, bei denen das Grundmuster heute noch erhalten ist. Der Bauweise nach kämen Tellingstedt und Lunden als

Burg, vom Marktplatz aus, 1899

Mutterkirche für Hennstedt in Frage, nach historischen Kriterien (den Arbeiten von Stoob) allerdings eher Tellingstedt, nach Aussage der Bauweise (nach der Arbeit von Bettina Gnekow) eher Lunden.

Bei Delve und Albersdorf stimmen die Frage des Mutterkirchspiels und der Bauweise deutlicher überein. Beides spricht für Tellingstedt.

In jedem Falle dürften die Bauten in Hennstedt und Delve jünger sein als die Bauten der Urkirchspiele Lunden und Tellingstedt. Das legt die Verwendung von Backsteinen für Portale und Fensteröffnungen nahe, in Hennstedt etwa sichtbar am vermauerten Südportal und einem ebenfalls vermauerten Nordfenster des alten Schiffes, in Delve am Chor-Ostfenster, ebenfalls am vermauerten Südportal. Diese Ausgestaltung mit Backstein spricht ohnehin für das 13. Jahrhundert, wohl für die erste Hälfte, nach der Trennung von den Mutterkirchspielen.

Das Grundmuster mit Saalbau und eingezogenem Kastenchor, Balkendecke und Feldsteinmauerwerk ist auch in Hemmingstedt und Nordhastedt angewendet worden, die beide zu den „Nachzüglern" der Jahrzehnte von etwa 1300 bis 1340 gehören. In beiden Kirchen ist offenbar auch von vornherein Backstein mit verwendet worden, bezeichnend für die neuere Zeit. Doch lag der Feldstein auf der Geest noch buchstäblich näher, viel näher auf jeden Fall als in der Marsch, wohin er von der Geest geholt werden mußte. Darum dürften die in den gleichen Jahrzehnten entstandenen Kirchspiele und Bauten von Hemme und Neuenkrichen von vornherein ganz aus Backstein errichtet worden sein. Auf sie wird noch zurückzukommen sein, da sie auch das Grundmuster veränderten.

Das Fazit bietet sich an: Die meisten erhaltenen Bauten der fünfzehn

Hennstedt, ca. 1920

Marne, alte Kirche, ca. 1900

ältesten Kirchspiele sowie zweier „Nachzügler" sind nach dem selben Grundmuster errichtet worden, außer Wesselburen und – vielleicht – Süderhastedt und Burg. Keine Aussagen lassen sich über die ältesten Kirchen in Büsum und Brunsbüttel sowie Eddelak und Wöhrden machen, da sie in späteren Jahrhunderten durch Neubauten ersetzt worden sind. Für Marne erscheint mir nicht sicher, ob die von dem 1906 abgebrochenen Vorgängerbau erhaltenen Fotos den ersten Bauzustand wiedergeben, so daß sie bei der Betrachtung unberücksichtigt blieb.

Delve, 1919

Wohin mit der Kirche im Dorf?

Bei der Lage der Kirchen in den Dörfern gibt es bezeichnende Unterschiede zwischen Marsch und Geest. Mit nur einer Ausnahme (Eddelak) darf davon ausgegangen werden, daß die Siedlungen schon bestanden, als die Kirchspiele gegründet und die Kirchen gebaut worden sind. Das kommt oft schon in den Ortsnamen zum Ausdruck. Die -stedt-Endungen (Weddingstedt, Tellingstedt, Süderhastedt, Hennstedt) der Geest gehören zu einer alten Ortsnamengruppe, deren Entstehung nach der Völkerwanderungszeit seit 500 oder 600 nach Christi vermutet wird. Damals setzte eine größere neue Besiedlung in Dithmarschen ein. Fast alle heutigen Dörfer sind nach dieser Zeit angelegt und benannt worden.

Auch Lunden, Wöhrden, Marne haben vermutlich sehr alte Namen, ähnlich wie Brunsbüttel, während die Namen Albersdorf und Burg möglicherweise einer jüngeren Gruppe des 12./13. Jahrhunderts, also der Kirchengründungszeit, angehören. Sicher zu sagen ist das allerdings nicht. In der Regel jedoch ist davon auszugehen, daß die Orte älter sind als ihre Kirchen – außer in Eddelak. Als „Dörfergemeinschafts-Kirche" ist sie zwischen den alten Orten errichtet worden. Selbst als sich dort an den Zuwegen zur Kirche Bewohner ansiedelten, bildeten sie jahrhundertelang keine eigene Dorfgemeinde.

In den Geestdörfern bestätigt die Lage des Kirchengrundstückes an den Ortsrändern oder in der Reihe der Höfe ihr geringeres Alter. In keinem der Geestdörfer laufen die Wege auf die Kirche zu. Sie hat keine zentrierende Funktion innerhalb der Siedlung. Das gilt auch für Tellingstedt, wo die den Kirchplatz umgürtende Bebauung den Eindruck eines zentralen Platzes vortäuscht. Die Bebauung dort dürfte aber jünger sein, der ältere Ortskern liegt auf dem anderen Ufer des Baches.

In der Marsch hingegen sieht es anders aus. Ihr Charakter wird mitgeprägt von weithin sichtbaren Kirchen auf hohen Wurten. In Wesselburen, Wöhrden, Marne bilden sie den Mittelpunkt großer Dorfwurten, wo sie den höchsten Platz einnehmen, auf den alle Wege zulaufen. Auch hier dürften, wie auf der Geest, die Dorfwurten älter sein als ihre Kirchen. Sie stammen vermutlich aus der Zeit vor der Bedeichung, also vor 1100 oder 1050. Es gibt bisher keine Anhalte

Wesselburen, von der Bergstraße aus, ca. 1935

dafür, wie die Bebauung der Wurten vor Errichtung der Kirchen gegliedert war. Das ist nur archäologisch zu klären. Es ist kaum anzunehmen, daß der höchste und damit auch sicherste Platz unbebaut geblieben war. Beim Kirchenbau müßte also umgesiedelt, umgeplant worden sein – ein Gedanke, der den Marschbewohnern vermutlich sehr viel näher lag als denen auf der Geest, da die Sturmfluten ohnehin von Zeit zu Zeit die besten Konzepte verdarben. Auch waren die Häuser wegen des feuchten Untergrundes, wegen der exponierten Wetterlage und der Sturmfluten ohnehin stärker dem Verschleiß ausgesetzt als auf der im ganzen geschützteren Geest. Beispiele solcher Planänderung der Bebauung gibt es aus der Altstadt von Schleswig. In Brunsbüttel können wir verfolgen, wie die Bewohner in neuerer Zeit, im 17. Jahrhundert, mit der ganzen Ortschaft einschließlich Kirche umgezogen sind. Auch Büsum ist ähnlich verlegt worden, im 15. Jahrhundert. In beiden Fällen behielten die Kirchen ihre zentrale Lage, wenn auch in Varianten.

Die Plazierung der Kirche in der Mitte auf dem höchsten Punkt, wo sie alle anderen Gebäude weit überragt, gibt den Wurtdörfern einen bezeichnenden mittelalterlichen Charakter, der an Grundmuster des Städtebaus erinnert, wie es auch in Meldorf eindrucksvoll zum Ausdruck kommt. Die Kirche wird für den Ort, für Wegeführung und Bebauung ebenso Mittelpunkt, wie sie es für das private und öffentliche Leben war.

Allerdings gibt es auch andere Beispiele in der Marsch. Hemme etwa liegt allein auf einer Wurt auf Distanz vom Ort. Das hängt mit ihrer schon behandelten Gründungsgeschichte zusammen. In Neuenkirchen und Barlt kamen erst später, im 14. und 15. Jahrhundert, Kirchen dazu und wurden dort plaziert, wo ein sinnvoller Platz für sie war, ohne Änderung der Siedlung. Sie kamen auch nicht in Wurtdörfer, sondern in Reihensiedlungen.

Marne, Südseite (noch ohne Rathaus im Hintergrund), 1906

Eigene Gotteshäuser für grosse Bauern

Bei den 19 Kirchen, die um 1350 bestanden, blieb es nicht. In den folgenden 150 Jahren, bis 1500, dem Jahr der Schlacht bei Hemmingstedt, kamen noch fünf Kirchspiele dazu: Barlt 1428, Heide 1434/38, Windbergen vor 1495, St. Annen 1491/1501, Schlichting um 1500. Von den Gründungen dieser Kirchen wissen wir meistens etwas mehr als von den älteren. Deswegen werden sie jeweils etwas ausführlicher behandelt.

Kirchengründungen und Kirchenbauten ziehen sich also durch das ganze Mittelalter, wobei das Tempo in den letzten 150 Jahren ein wenig nachläßt. Das ist aber nicht der Grund, warum diesen Kirchen ein eigenes Kapitel gewidmet ist. Diese Kirchspiele unterscheiden sich von allen älteren: sie umfassen – außer Heide – nur das Kirchdorf oder seine unmittelbare Umgebung, sind also eigentlich nur Ortskirchen mit sehr geringem Einzugsgebiet. Lokale Sonderinteressen riefen sie ins Leben. Diese waren auch bei den Gründungen zwischen 1300 und 1350 schon sichtbar geworden, am deutlichsten bei Neuenkirchen und Hemme. Sie blieben aber doch eingebunden in die örtlichen Nachbarschaften, so daß richtige Kirchspiele entstanden. Bei den neuen und letzten mittelalterlichen Gründungen schufen Ortschaften oder mächtig und vor allem wohlhabend gewordene Geschlechterhäupter sich ihre Kirche. Sie dokumentieren eine spezielle dithmarsische Erscheinung, die Herausbildung einer ausgeprägten, durch Besitz stark abgehobenen bäuerlichen Führungsschicht. Ihre wirtschaftliche Stärke entwickelte sich in einem Jahrhundert, das der Landwirtschaft, dem Handwerk und Handel günstig war und das auch den Hansestädten ihre besten Zeiten brachte, den Höhepunkt ihrer wirtschaftlichen, kulturellen und politischen Bedeutung.

Soweit wir etwas von den Gründungs- und Wirkungsgeschichten wissen oder erschließen können, zeigen sich an diesen Kirchen charakteristische Züge der sozialen und kulturellen Situation Dithmarschens.

Heide: eine Kirche für die neue Metropole

Am meisten Bedeutung gewann die Kirche in Heide. Sie entstand, zunächst als Kapelle, wahrscheinlich in dem Augenblick, in dem die-

Heide, Blick von der ehemaligen Westholsteinischen Bank, ca. 1910

ser ganz oder fast ganz unbebaute Platz „auf der Heide" begann, Meldorf seine Funktion als Hauptversammlungsplatz der Republik Dithmarschen abzunehmen. Dahinter standen eindeutig einflußreiche Männer aus den nördlichen Kirchspielen und vermutlich speziell aus dem Geschlecht der Woldersmannen. Sie saßen in Weddingstedt, Lohe, Rickelshof, Wesseln und Rüsdorf, rund um den neuen Versammlungsplatz also, und in dem zuständigen Kirchspieldorf Weddingstedt. Zu den Männern gehörten prominente Verfechter der Interessen des nördlichen Dithmarschens, Kerstens Clawes aus Weddingstedt und Hans von der Lohe. Sie wurden von dem Dithmarscher Chronisten Neocorus um 1600 ausdrücklich als Gründer Heides genannt. Vermutlich geht auch der Anker in dem ältesten Siegel von Heide auf die Woldersmannen zurück.

Den führenden Männern dieses Geschlechtes dürfte besonders daran gelegen gewesen sein, diesen Platz auf der Heide mit seiner vortrefflichen geographischen Lage zwischen der Geest und der weiten fruchtbaren Nordermarsch zum ständigen Versammlungsort zu bestimmen, nachdem er 1434 aus einer Verlegenheit heraus gewählt worden war, da Meldorf in einer innerdithmarsischen Fehde zur Gegenpartei gehörte. Die Gegenpartei mit Meldorf verlor die Auseinandersetzung. So ist mit der Entscheidung der siegenden und wirtschaftlich eindeutig mächtigeren Partei des nördlichen Dithmarschens für Heide dem damaligen realen wirtschaftlichen und politischen Schwergewicht Rechnung getragen worden. Es lag eindeutig im nördlichen Teil Dithmarschens, da im Süden die Köge vor Marne noch Watt waren, Dithmarschen im südlichen Teil also sehr viel schmaler war als im nördlichen. Allein die Durchsetzung des neuen Platzes beweist, wo das Schwergewicht lag – wobei allerdings die „Südstrander", die vier Kirchspiele Eddelak, Marne, Burg und Brunsbüttel, nicht mitmachten.

Die Gründung der Kirche in Heide ist im Zusammenhang mit der Wahl des Platzes zum ständigen Treffpunkt der Dithmarscher Versammlungen zu vermuten. Beigetragen haben die genannten umliegenden Dörfer, Wohnsitze der Woldersmannen. Bestimmend war offensichtlich der Wille der führenden Männer im Woldersmannengeschlecht. Es liegt nahe, die Gründung zwischen der ersten Versammlung 1434 und der ersten Erwähnung der Kapelle 1438 anzunehmen.

Unklar bleibt allerdings der Name „St. Jürgen". Er ist allzu geläufig als Schutzheiliger gegen die Pest und überhaupt alles Übel. Viele Aussätzigen-Hospitäler des Mittelalters tragen seinen Namen (wenn nicht St. Jürgen, dann St. Georg, was dasselbe ist). Auch die Lage an bedeutenden Überlandwegen, aber außerhalb jeder Siedlung auf Unland (Heide) wäre charakteristisch. Dennoch erscheint es wenig sinnvoll, als Anfang von Heide ein älteres, 1434 bereits länger bestehendes Aussätzigen-Hospital anzunehmen, weil der Platz dann sicherlich nicht für die Versammlungen gewählt worden wäre. Schließlich pflegte man Hospital-Insassen auszusetzen, aus Angst vor Ansteckung mit ihrer schrecklichen Krankheit, vor allem der Lepra.

Auch erscheint die Plazierung der Kapelle in der Ecke des großen Platzes als sinnvolle Absicht, um die Fläche für die Versammlung nebst Familientroß und Biwak freizubehalten. So ist eine sehr viel praktischere und großzügigere Lösung für die Ausnutzung des Platzes geschaffen worden, als sie in Meldorf bestand. Den Ehrgeiz, einen mit dem Meldorfer Dom konkurrierenden Bau zu schaffen, hat es offenbar nicht gegeben. Er wäre auch wohl irreal gewesen angesichts des unbebauten Platzes, um den herum sich ja erst ein Ort bilden sollte, ein Ort, dessen Bewohner ihre Kunden mitbringen oder anderen abwerben mußten, da die Absatzmärkte verteilt waren.

Ein selbständiger Pfarrbezirk wurde Heide erst fast 100 Jahre später während der Reformationszeit zwischen 1523 und 1537. Damals dürfte der Kern des heutigen Baues schon gestanden haben. Er wird ins 15. Jahrhundert datiert, um die Kapellenzeit also. Es sieht so aus, als sei er bei oder bald nach der Gründung großzügig geplant worden, ähnlich wie die Ausmaße des Platzes.

Barlt, 1908

Barlt: Ein reiches Dorf verkürzt den Kirchenweg

Nur wenige Jahre vor dem ganz Dithmarschen betreffenden Ereignissen „auf der Heide" ist die Kirche Barlt gegründet worden, 1428. Es war ein rein lokales Unternehmen. Es wurde bezeichnenderweise damit begründet, die Wassers- und Kriegsnot halte die Einwohner von Barlt oft davon ab, ihre („Hovetkerke") Hauptkirche in Meldorf zu besuchen. Das klingt wie eine vorgeschobene Begründung, da es alle Marschbewohner bei nassem Wetter mit aufgeweichten Kleiwegen, die nur sehr mühselig begehbar waren, und Überschwemmungen der Gräben oder Wasserlöcher zu tun hatten. Erschwerend wirkte allerdings wohl die Süderau, die zwischen Barlt und Meldorf zu überqueren war und die als Entwässerungsstrom großer Niederungsgebiete und Geestbezirke gelegentlich schwer passierbar gewesen sein dürfte.

Dennoch bleibt festzuhalten: Ein großes Marschdorf baute sich seine eigene Kirche, hielt zeitweilig zwei Pastoren in Brot und war außerdem bereit, seine früheren Abgaben nach Meldorf weiter zu entrichten! Das ist wohl doch nur in der Marsch möglich oder erscheint wenigstens charakteristisch für ihre Prosperität – damals.

St. Annen: Große Bauern spannen den Papst ein

Auch mit Wassernot hatten die drei Familien aus dem Geschlecht der Russebellingmannen im östlichen Teil des Kirchspiels Lunden zu tun,

St. Annen, Ausschnitt aus einer Mehrfachkarte, ca. 1914

freilich auf andere Weise. Heimen Claus, Russen Marquardt, Junge Johann versuchten, der Eider in der Uferzone einen neuen Koog abzugewinnen, den sogenannten Bösbüttlerkoog, dort, wo die häufigen Überschlickungen für guten Boden gesorgt hatten. Bei der Strömung der Eider, dem täglichen Wechsel von Ebbe und Flut, dem starken Einfluß der See mit Sturmfluten war das ein Unternehmen mit unsicherem Ausgang. Wenn es gelänge, so sollen sie gelobt haben, wollten sie der Heiligen Anna, der Mutter Marias, damals Schutzheilige des Landes Dithmarschen, eine Kapelle bauen.

Es gelang 1491. Die Kapelle war dran. Nun scheinen aber die Männer als typische Marschbauern gute Rechner gewesen zu sein und offenbar nicht geneigt, ihr eigenes Vermögen für den Bau aufs Spiel zu setzen. Sie schickten also nach Rom und ließen sich dort am 20. Januar 1500 von Kardinälen eine Bulle ausstellen – die natürlich bezahlt werden mußte – mit dem Inhalt, daß allen Förderern und Besuchern der Kapelle 100jähriger Ablaß gewährt werde, eine zeitgemäße Art, sich Baukostenzuschüsse zu beschaffen.

Es scheint sich gelohnt zu haben. Jedenfalls wollten die Herren auch einen ständigen Pfarrer anstellen. Das wurde ihnen aber von dem Kirchspielsrat in Lunden verweigert. Also schickten sie wieder nach Rom und ließen sich von Papst Julius II. im Jahre 1507 das Patronatsrecht über ihre Kapelle verleihen. Sie bekamen es sicher auch nicht nur wegen ihrer blauen Augen. Beide Urkunden sind erhalten. Jahrhunderte haben sie im Besitz der Familien überstanden. Inzwischen sind sie von dem Schleswig-Holsteinischen Kirchenarchiv in Kiel in Verwahrung genommen worden. Sie sind klassische Zeugnisse der weiträumigen Weltsicht und des Vermögens Dithmarscher Großbauern, die auch den Papst in ihre Vorhaben einzubeziehen wußten. Es wird sehr deutlich, wie sie ihn gegen ihre örtlichen Gewalten, den Kirchspielsrat in Lunden, ausspielten, um sich eine eigene Kirche zu schaffen, wie adelige Herrschaften es taten. Die volle Selbständigkeit haben sie allerdings nicht erreicht. Politisch blieb ihr Kirchspiel abhängig von Lunden. Erst nach Jahrhunderten konnten sie sich 1877 unter veränderten Bedingungen völlig ablösen.

Und eines hat die Kirche dort noch bewirkt. Seit ihrer Gründung bis heute gab die Titelheilige auch dem Ort seinen Namen: St. Annen.

Schlichting: Gründung von Moorbauern

Stärker noch als St. Annen blieb Schlichting von seinem Mutterkirchspiel Hennstedt abhängig, schon aus einem ganz einfachen Grund: die Kirche in Schlichting bekam keinen eigenen Friedhof. Für Dithmarschen war das einmalig. Die Ursache dürfte im Untergrund zu suchen sein. Schlichting ist eine Moorsiedlung und entspricht damit gar nicht dem Bild, das man sich gemeinhin von Dithmarschen macht. Moorbauern sind normalerweise ärmliche Bauern, die ständig mit dem Wasser zu ringen haben. So war es auch in Schlichting. Das Wasser wirkte für die Schlichtinger nicht nur im Untergrund, sondern auch von der See auf sie ein. Bei Sturmfluten stauten sich die Wassermassen in der Eider und durchbrachen oft die Deiche, die des moorigen Untergrundes wegen nicht beliebig zu verstärken waren. Und ein Deichbruch war für die Moorbewohner meistens schlimmer als für die in der Marsch, die höher liegt. Im Moor liegen die Ländereien um Normal Null, also erheblich unter dem mittleren Flutwasserstand. Wenn ein Deich gebrochen war, brachte jede normale Flut wieder Wasser an oder in die Häuser, je nachdem auf wie hohen Wurten sie standen. Auch bei langen Regenfällen oder anhaltenden Westwinden war das Wasser oft nicht loszuwerden, so daß die Bewohner auf ihren Wurten wie auf Halligen saßen. Erst durch die Errichtung eines Dampfschöpfwerkes ist 1886 die Situation grundlegend verbessert worden.

Der Verzicht auf einen Friedhof liegt sehr nahe, da nicht alle Toten in Booten bestattet werden konnten. Und auch in Größe und Ausstattung der Kirche spiegeln sich die schwierigen Existenzbedingungen der Bewohner wider. In Schlichting steht die bescheiden-

Schlichting, Ausschnitt aus einer Mehrfachkarte, ca. 1899

ste Kirche in Dithmarschen. Ein Bau des 17. Jahrhunderts, obgleich das Kirchspiel um 1500 auf Betreiben des Geschlechtes der Itzemannen von Hennstedt abgeteilt worden sein soll.

Der Heilige Rochus, dem das Haus geweiht wurde, galt als Schutzpatron gegen Pest, d. h. gegen schlimme Krankheiten. Die Vermutung, daß sie deswegen in Pestzeiten gegründet worden sei, erscheint nicht zwingend. Es mag auch sein, daß die dortigen Bewohner wegen der Nässe mehr als andere an Krankheiten zu leiden hatten und sich deswegen an den Heiligen Rochus wandten.

Als Motivation zum Bau der Kapelle/Kirche galten auch Überschwemmungen, die den Kirchgang nach Hennstedt oft unmöglich machten. Am Wasser also soll es gelegen haben, wie in Barlt. Wenn das der wirkliche Grund gewesen sein sollte, hätte er in Schlichting erst spät, um 1500, zum Bau einer eigenen Kirche geführt – vielleicht wegen der bescheidenen Vermögenslage. Es mag aber auch sein, daß sich von St. Annen her ein Anstiftungseffekt bemerkbar machte. Dort allerdings standen Kirche und Siedlungen auf besserem, von der Eider kräftig überschlicktem Grund, während in Schlichting das Süßwasser der Geest einen größeren Anteil an der wenig fruchtbaren Vermoorung besaß.

Windbergen, das Wunder und die Heiligen

Keinem Heiligen, sondern dem Heiligen Kreuz ist die Kirche in Windbergen gewidmet. Gemeint ist damit ein handgroßes Kruzifix mit

Windbergen, ca. 1930

einem hölzernen Kreuz, das von der Kunsttopographie auf 1450 geschätzt wird, und einem Christuskörper in Gelbguß von 14 Zentimeter Länge, der – nach Dr. Stein – aus den Jahrzehnten vor 1100 stammen dürfte. Damit besitzt die kleine Kirche in Windbergen das mit Abstand älteste und kleinste Kruzifix in Dithmarschen und Schleswig-Holstein. Wie kommt die Kirche zu diesem Besitz, da sie selber erst um 1450 gegründet sein dürfte? Für diesen Zeitpunkt jedenfalls sprechen das damals für den Körper erneuerte Holzkreuz und die Erwähnung eines Herren („Her") Detlef Vaget, der nach Wilhelm Johnsen dort 1447 Geistlicher gewesen sein könnte.

Was also hat es mit dem winzigen Kruzifix auf sich, das so viel älter ist als die Kirche? Einen zeitgenössischen Bericht, der heutigem wissenschaftlichen Denken standhielte, gibt es dafür nicht. Statt dessen erzählt Neocorus, der Dithmarscher Chronist um 1600, von einem Wunder. Ein Bauer sei beim Pflügen steckengeblieben. Selbst sechs oder wie andere sagen acht Ochsen hätten den Pflug nicht weiterziehen können. Darauf habe der Bauer nachgegraben und ein kleines, metallenes Kruzifix, etwa eine große Spanne lang, in der Erde gefunden. Der Mann habe das Kruzifix als großes Heiligtum für sich behalten wollen und in eine Lade (Kasten) gelegt. Am nächsten Morgen habe das Kruzifix auf dem Deckel gelegen, und das mehrere Male. Schließlich habe der Mann darüber den Verstand verloren. Erst als er die Geschichte weitererzählt habe, sei sein Verstand wiedergekommen. An der Fundstelle, wo jetzt die Kapelle/Kirche stehe, sei ein großes Kruzifix und ein hölzernes Häuschen errichtet worden. „Grote Walfahrten und Opffer" seien dorthin geschehen, so viel, daß davon habe eine Kapelle gebaut werden können. Die Einkünfte hätten sich das Dominikanerkloster in Meldorf und die Windberger geteilt. Dabei habe das Kloster einen Mönchen oder Priester an der Kapelle gehalten, und die Windberger hätten den Bau unterhalten. So sei es noch zu Zeiten des Bruders Heinrich von Zütphen gewesen, also am Beginn der Reformation. So erzählt Neocorus.

Die Kirchenherren in Hamburg am Domkapitel hatten diesen neuen Wallfahrtsort, für den um 1495 eine steinerne Kapelle gebaut worden war, nicht dulden wollen. Sie führten – nach Johnsen – eine interessante Begründung an. Dieses Kruzifix sei nicht rechtens, es fehlen die Wundmale – war es doch eine romanische, nicht mehr übliche Christusdarstellung. Sie zeigt Christus stehend als „Sieger" und nicht hängend als Schmerzensmann. Doch hat dieses Verbot nichts bewirken können.

Hans Beeck versucht in seiner Chronik von Windbergen (1956) dieser Geschichte ihren Wundercharakter zu nehmen. Ich halte Beecks erklärende Geschichte für sehr fragwürdig. Mit Sicherheit ist an Wunder geglaubt worden. Wunder erklärten, was sich anders nicht erklären ließ. Und Wundergeschichten leuchteten jedem ein, offenbar auch noch Neocorus um 1600 nach der Reformation – und wieviel Wunderglauben gibt es noch heute?

Wer keine Ahnung von naturgesetzlich geregelten Wirkungsweisen hat – wie die Menschen im Mittelalter –, versucht, sich Ursache und Wirkung als Folge des Eingreifens personifizierter Mächte zu erklären. Gott selber konnte ja Heimsuchungen (z. B. Mißernten) schicken und Strafen (z. B. einen frühen Todesfall oder Kriege). Anderes bewirkten der Teufel und seine Helfer, noch bei Luther. Und die Heiligen schließlich, denen die Kirchen gewidmet wurden, galten als Helfer in Notlagen, die Gefährdungen und Bedrohungen abzuwenden vermochten. Das bedeutet für unser Denken: man hielt die Heiligen für fähig, in das irdische Geschehen, d. h. für uns in den Ursachen-Wirkung-Zusammenhang einzugreifen. Das war nach damaliger Denkweise durchaus mit der Logik vereinbar, da ja auch Ursachen als personifizierte himmlische oder höllische Mächte vorgestellt wurden.

Ein Wunderglaube war also mit diesen Vorstellungen von aus dem Jenseits wirkenden personifizierten Ursachen und Wirkungen gut vereinbar, er war eigentlich Bestandteil dieses Denkens. Das hat, wie wir gern etwas hochmütig annehmen, nichts mit der Naivität jener Menschen zu tun. Es war vielmehr eine mit der Logik durchaus im

Einklang stehende Erklärung, wir würden sagen erklärende Erfindung, die Unerklärlichem einen Sinn gibt.

Für das Windberger Kruzifix hieße das: wir stellen uns vor, das Kruzifix hat einmal jemand verloren. Es war ein Reise-Kreuz oder ähnliches. Ein Mann fand es beim Pflügen ohne Zeugen. Er wollte es für sich behalten, aus welchem Grund auch immer. Er hielt es verborgen. Auf jeden Fall dürfte also auch ihm klargewesen sein, daß er einen einmaligen Fund gemacht hatte. Wie und wodurch das Kreuz auch ans Licht kam: der Boden für eine Wunderlegende war bereitet. Der außergewöhnliche Fund ohne Zeugen, die Verbindung zu dem Kloster, die sicher von allen erwartete Erklärung, wie ein so kleines Christusbild im Acker liegen und gefunden werden konnte. Würden wir nicht auch gerne sagen: fast ein Wunder? Damals war es eben eines, was die Legende beweist. Es wurde verstanden als ein Eingriff aus dem allgegenwärtig vorgestellten Jenseits in unsere Welt. Es bildete sich so eine Kontaktstelle zum Jenseits, ein Wallfahrtsort, von dem jeder Pilger sich auch eine himmlische Einwirkung für sich erhoffte, wirksamer als von seinem Kirchenheiligen.

Dabei läßt es sich als eine Bestätigung verstehen, wenn auch von anderen Orten ähnliche Fundgeschichten erzählt werden, von Burg zum Beispiel. Wie auch immer. Wir haben nur diese Legende zur Erklärung der Kapellengründung und ihrer Datierung. An ihrem Vorhandensein 1495 gibt es keinen Zweifel. Der heutige Bau allerdings ist aus dem Jahre 1742. Er wird im Kapitel über Barock auf dem Lande behandelt.

St. Michaelisdonn und die soziale Frage

Mit Windbergen, Schlichting und St. Annen ging um 1500 die Hauptzeit dithmarsischer Kirchengründungen zu Ende. Sie lag im Mittelalter, vor und in der Zeit der Bauernrepublik, die wir von 1227 bis 1559 rechnen. Es entstanden 24 Kirchen, die meisten der noch heute bestehenden. Nur wenige, nämlich sieben, kamen nach jahrhundertelanger Pause in unserem Industriezeitalter am Ende des 19. und im 20. Jahrhundert dazu (und neun Kapellen).

Die Reformation, die bald nach dem Ende des Gründungszeitalters einsetzte, hat keinerlei Impulse für Kirchengründungen oder Kirchenbauten gegeben. Lediglich auf die Einrichtung hat sie sich ausgewirkt. Darüber wird noch zu sprechen sein.

Die einzige Ausnahme, die einzige Kirche, die zwischen Mittelalter und Industriezeit gegründet worden ist, St. Michaelisdonn, entstand 1611, rund ein halbes Jahrhundert nach dem Ende der Republik. Es lassen sich keine neuen Motivationen erkennen gegenüber den letzten mittelalterlichen Gründungen. Dennoch gibt es einige Besonderheiten.

Im Namen machte sich die Reformation bemerkbar. Luther hat die Heiligen gestrichen. Es blieben nur wenige Möglichkeiten der Namensgebung übrig, was auch an den modernen evangelischen Kirchennamen spürbar ist. Die Donner griffen auf einen Erzengel zurück, der die Reformation überstanden hatte. Sein Name ist dann für die ganze Siedlung übernommen worden wie in St. Annen.

In einem weiteren Punkt unterscheidet St. Michaelisdonn sich von allen anderen Gründungen, nämlich im sozialen Stand ihrer Gemeinde.

Hinter St. Annens Gründung hatten wohlhabende Bauern gestanden, hinter Schlichtings Gründung für das alte Dithmarschen untypische Moorbauern, deren schwierige Lage in der Bescheidenheit der Kirche ihren Ausdruck zu finden schien. In St. Michaelisdonn sind von vornherein „kleine Leute" am Werk gewesen, Landarbeiter, Kleinhändler, Handwerker, Kleinbauern. Ihre Zahl hatte seit dem 15. und im 16. Jahrhundert immer mehr zugenommen. Das war eine Folge der florierenden Wirtschaft, vor allem aber der sozialen Differenzierung. Sie führte, wie auch an den Kirchengründungen des 15. Jahrhunderts festgestellt, zur Herausbildung einer durch Besitz

St. Michaelisdonn, Ausschnitt aus einer Mehrfachkarte, ca. 1920

abgehobenen großbäuerlichen Führungsschicht nach dem Muster von Peter Swin und seinem Enkel Markus Swin, von dem das Dithmarscher Landesmuseum in Meldorf ein eindrucksvolles Doppelportrait mit seiner Frau und den nach dem Muster eines Schloßraumes geschaffenen Pesel (Wohn-Schlafraum) besitzt.

Der Wohlstand, die Handelsbeziehungen dieser Bauern, aber auch der Bedarf ihrer großen Höfe , auf denen die Besitzer selber in der Regel nicht mehr mitgearbeitet haben dürften, bot einer wachsenden Zahl kleiner Leute Verdienstmöglichkeiten. Diese Entwicklung war in der Republikzeit angelaufen und wurde durch die Einverleibung in die Fürstentümer nicht gehemmt, da der Friedensvertrag von 1559 die wirtschaftlichen und sozialen Grundlagen der Bauernrepublik ohne Abstriche erhalten hat. Die kleinen Leute siedelten sich auf der Geest in den Dörfern neben den Bauernstellen an, nicht immer in Gemengelage, meistens mehr am Rande des Dorfes. Dennoch lebten sie in enger Nachbarschaft mit den Bauernhöfen. In der Marsch war das anders. Dort sammelten sie sich in eigenen Siedlungen, bevorzugt auf den Nehrungsstreifen zwischen Marsch und Geest wie in St. Michaelisdonn oder zwischen Marsch und Niederungsmooren wie auf der sogenannten Lundener Nehrung von Wittenwurt bis Lunden. Auch auf den durch Vordeichungen in die zweite oder dritte Linie gerückten alten Seedeichen fanden kleine Leute billigen Siedlungsgrund, da die Deiche Allgemeinbesitz waren. So zieht sich z. B. südlich von Meldorf eine Kette kleiner Häuser von Barlter Neuendeich bis Marner Deich oder in Westerbüttel bei Brunsbüttel, um nur Beispiele zu nennen. Auch alte Dorfwurten boten kleinen Leuten Baugrund, Süderdeich etwa bei Wesselburen oder die Wurt von Wöhrden.

In St. Michaelisdonn saßen die Landarbeiter und Kleinhändler günstig zwischen Marsch und Geest, was den Arbeits- und Handelschancen sehr zugute kam.

Wesentlich für das Entstehen einer eigenen Kirche war ihre soziale und kommunal-politische Handlungsfreiheit. Sie konnten ungehindert von irgendwelchen Herrschaften hantieren, die irgendwelche Herrschaftsrechte über sie geltend machten. In Dithmarschen gab es das nicht, nicht in der Republikzeit und auch nicht in der folgenden Fürstenzeit nach 1559. Selbst in der besten Zeit fürstlichen Absolutismus im 17. und 18. Jahrhundert, wo anderswo Leibeigenschaft entstand, blieb es dabei: keine Herrschaftsrechte über Personen, kein Adel, keine Gutsherren. Auch der ärmste Mann in Dithmarschen blieb ein freier Mann – allerdings lohnabhängig, wie wir heute sagen, ganz sicher oft unter bitteren Bedingungen. Aber nur so ist es möglich gewesen, daß 59 dieser Familien auf dem Donn sich zusammentun konnten, um eine eigene Kirche zu bauen. Sie saßen auf dem „Donn", d. h. auf der „Düne" einer Nehrung. Unland war das am Rande der Marsch vor der ehemaligen Steilküste der Geest, Unland, das nichts kostete, freilich auch nichts taugte.

Der „Rösthusener" Donn, wie er früher hieß, war nach Marne eingepfarrt, wohin ein langer und in den feuchten Jahreszeiten sehr mühseliger Weg führte. Dennoch waren die Donner mit ihrem Wunsch, eine eigene Kirche zu haben, zweimal von dem königlichen Statthalter Balthasar von Ahlefeld, einem Enkel des bei Hemmingstedt gefallenen Kriegsobristen Hans von Ahlefeld, abgewiesen worden. Sie wandten sich jedoch unmittelbar an den König Christian IV., der dann ihr Vorhaben genehmigte.

Mit Bau und Erhaltung von Kirche und Pastorat übernahm die neue Gemeinde freiwillig erhebliche Kosten. Sie war nicht in der Lage, alles Geld selber aufzubringen. Da aber nach der Reformation nicht mehr die Möglichkeit bestand, die die Familie Heim in St. Annen rund hundert Jahre früher gehabt hatte, nämlich einen Ablaß zu erwirken, schickten sie vier Männer aus der Gemeinde aus, jeweils zwei und zwei, um in Norddeutschland und in Dänemark Geld zu sammeln. Sie taten es vorwiegend im Winter, drei Jahre lang. Am 3. Januar 1614 z. B. waren sie auf Schloß Gottorf und bekamen vom Herzog Johann Adolf zwanzig Reichstaler. Zehn Tage später erhielten sie in Sonderburg im Schloß fünf „dicke Thaler". Auf der anderen Seite gab das Domkapitel in Bremen zwei Reichstaler, die Älterleute der Kaufmannschaft zu Bremen einen Reichstaler, der Rat der Stadt drei. In Lübeck holten sie 23 Mark und zwei Schillinge, in Husum zehn Mark. Insgesamt holten die vier Männer 2388 Mark 8 Schillinge und 2 Pfennige zusammen. Dazu kam der Eigenbeitrag der Gemeinde mit 458 Mark 6 Schillingen und 5 Pfennigen. Insgesamt hatten sie nun mehr Geld, als die Kirche gekostet hatte, nämlich 2411 Mark und 10 Schillinge.

Abgerechnet wurde ganz ordnungsmäßig und offiziell zusammen mit dem Propsten Ram, dem Landvogt Nikolaus Bruhn und dem Landschreiber Daniel Twietemeyer.

Das übrige Geld ist vermutlich für den Bau eines Pastorates und die Ausstattung des Pastors benutzt worden. Damit hatten die Donner allerdings wenig Glück. Neun Jahre später brannte das Pastorat ab. Geld für einen Neubau war nicht mehr vorhanden. Vermutlich griff der Propst helfend ein und schrieb eine Kollekte in allen Gemeinden Süderdithmarschens aus. Es kamen aber nur 123 Mark und 6 Schillinge zusammen. Die Donner aber wußten sich zu helfen. In Barlt kauften sie ein altes Haus auf Abbruch für 117 Mark und brachten es selber nach Hause. Das ganze Haus kostete im Endeffekt dann 440 Mark und hat 148 Jahre, bis 1769 gestanden.

Die Finanzierung der Bauvorhaben gelang den Donnern also stets ganz gut. Sie waren praktische Leute. Nur ging es ihnen wie vielen Bauherren heute. Mit den Folgekosten wurden sie nicht so gut fertig. Das heißt, bei der Bezahlung des Pastors haperte es. Es blieb eine bescheidene Stelle, entsprechend häufig wechselten die Pastoren. Das ist jedoch nicht unser Thema, sondern nachzulesen in der Festschrift zum dreihundertjährigen Bestehen der Gemeinde und der Kirche von A. Schultz „Drei Jahrhunderte im Zeichen der St.-Michaelis-Kirche auf dem Donn" (1911).

Der heutige Bau ist im Kern noch von 1611, im Jahre 1730 nach Westen erweitert.

Die Ausstattung ist nacheinander zusammengekommen. Von 1611 stammt nur noch der Altartisch (Mensa) aus Wesersandstein. Er bekam 1693 seinen Aufsatz mit dem Gemälde des Abendmahls. Die hölzerne Taufe in barockem Knorpelstil ist nach 1650 angeschafft worden, die Kanzel erst 1702. Und so zieht es sich weiter durchs 18. und 19. Jahrhundert.

In der Marsch begann das neue Bauen

Im 14. Jahrhundert, bei den vier zwischen 1300 und 1350 entstandenen Kirchspielen Hemmingstedt, Nordhastedt auf der Geest und Neuenkirchen, Hemme in der Marsch zeigen sich die ersten Neuerungen im Kirchenbau, zunächst einmal im Material.

Auf der Geest, wo die Feldsteine offenbar noch wohlfeil in den Feldmarken zu haben waren, sind sie weiterhin zur Errichtung der Kirchen von Hemmingstedt und Nordhastedt gesammelt worden, allerdings nicht mehr ausschließlich. In Hemmingstedt sind für die Umrahmungen der Spitzbogenfenster Backsteine genommen worden, mit denen sich besser Kanten und Konturen setzen ließen. In Nordhastedt sind auch größere Teile des Mauerwerkes in Backstein aufgeführt worden, das meiste, wenn nicht alles aber nachträglich, bei Reparaturen, so daß das anfängliche Bild nicht mehr klar erkennbar ist.

In ihrer Grundform sind die beiden Kirchen ebenfalls ganz konservativ. Beide sind einfache Saalbauten mit eingezogenem Kastenchor, könnten danach also auch aus dem 12./13. Jahrhundert stammen. Waren die Bewohner der Geest konservativer als die der Marsch?

Bezüglich des Baumaterials lag das auf der Hand. Sind doch auch im 15. Jahrhundert noch Feldsteine für Kirchen verwendet worden, nämlich in Heide. In der Marsch aber gibt es keine Feldsteine. Offensichtlich waren dort nun, am Anfang des 14. Jahrhunderts, Backsteine erschwinglicher oder einfacher zu beschaffen, außerdem moderner. Das gilt für beide Kirchen, Hemme und Neuenkirchen, wobei letztere noch einen Feldsteinsockel besitzt und außerdem seither mehrfach repariert und verändert worden ist. In Hemme hat sich der Anfangszustand im wesentlichen erhalten. Die dortige Kirche besitzt außer dem Baustoff eine weitere Neuerung. Der Chor ist wohl noch schmaler als das Schiff, aber nicht mehr rechteckig, sondern dreiseitig abgeschlossen.

In dieser Kombination, schmalerer, aber dreiseitig abgeschlossener Chor, steht die Hemmer Kirche gerade auf der Schwelle zwischen älteren und neueren Formen. Eingezogene Chöre sind nach Hemme in Dithmarschen nicht mehr gebaut worden, sehr wohl aber das andere, das Neue: der mehrseitige Chorabschluß. Ihn haben alle Kirchen, die

Büsum, mit Rathaus im Hintergrund, ca. 1930

nach diesen vier „Nachzüglern" des 14. Jahrhunderts im 15. Jahrhundert neu gebaut oder umgebaut worden sind. Sie haben nicht immer nur dreiseitige, gern auch fünfseitige Chorabschlüsse. Dieser neue mehrseitige Chorabschluß wurde aber nach Hemme stets mit einem schiffsbreiten Chor kombiniert, so daß in der Regel aus Schiff und Chor ein großer Saal entstand. So ist es in Heide mit fünfseitigem Chorabschluß wohl schon im 15. Jahrhundert konzipiert, in Büsum beim Neubau im 15. Jahrhundert mit dreiseitigem Abschluß, ähnlich in den kleinen und neueren Kirchen von St. Annen (1501/71) und Schlichting (Anfang 17. Jh.).

Andere, ältere Kirchen sind zu dieser Form umgebaut oder ergänzt worden. So erhielt Neuenkirchen einen neueren spätgotischen, fünfseitig abgeschlossenen Chor vermutlich im 15. Jahrhundert, Hennstedt und Süderhastedt besitzen an ihren romanischen Feldsteinschiffen gleich-breite spätgotische Backsteinchöre mit dreiseitigen Abschlüssen. Sie alle also lassen sich heute vom Raumeindruck zu den spätgotischen Saalbauten mit mehreckigem Chorabschluß zählen.

Das Muster scheint sich großer Beliebtheit erfreut zu haben. Jedenfalls ist es auch im Barockzeitalter wiederholt verwendet worden, in Brunsbüttel 1679/1723 und in Wöhrden 1788. Eine Sonderlösung fanden die Lundener. Sie haben ihren alten romanischen Kastenchor mit Backsteinen und einem dreiseitigen Abschluß verlängert. Diese Lösung hat auch den großen Brand von 1836 überstanden, dem alles Brennbare zum Opfer fiel.

Seit 1600, genauer seit der Erneuerung der Barlter Kirche, deren heutiger Zustand trotz älterer, aus der Anfangszeit des 15. Jahrhunderts stammender Wandteile auf 1598/1600 datiert wird, gibt es neben den im 15. Jahrhundert üblich werdenden Saalbauten mit mehrseitigem Chorabschluß wieder eine einfache Form auf rechteckigem Grundriß. So haben auch die Bewohner von St. Michaelisdonn 1611 gebaut und diese Form bei einer späteren Verlängerung (1730) beibehalten.

Ist die Reduzierung auf eine rechteckige Grundform eine kostengünstige Vereinfachung gewesen? Oder machte sich das Zeitalter der Renaissance bemerkbar, in dem die Ebenmäßigkeit hoch geschätzt wurde? Das ist an einem für Dithmarschen charakteristischen Beispiel gut sichtbar, an den Bildern aus jener Zeit, der zweiten Hälfte des 16. Jahrhunderts, an den beiden immer wieder gezeigten Ansichten Meldorfs und Heides von Daniel Friese. Meldorfs schiefwinkliger Stadtgrundriß ist von Friese hübsch gradlinig und rechtwinklig dargestellt worden, soweit es sich sinnvoll machen ließ. Damit huldigte er eindeutig dem Zeitgeist. Entsprechend ließ er Heides Kirche auch nicht in der Ecke des Platzes stehen. Er stellte sie vielmehr – der Realität zum Trotz – schön in die Mitte des quadratisch zurechtgerückten Platzes, so daß die Kirche den Platz und den Ort mit seinen begradigten Straßen zentriert.

Es ist gut vorstellbar, daß ein mehrseitiger Chorabschluß nicht gut in diese das Rechteck (und den Kreis) bevorzugende geometrische Ordnungsvorstellung paßte. An den Fenstern in Barlt hörte diese neue Vorstellung, wenn sie denn eine Rolle gespielt hat, allerdings auf. Sie bekamen noch gotische Spitzbögen – im Unterschied zu St. Michaelisdonn, wo die kleinen Leute, die sicherlich auch weit herumkamen, zeitgemäß rundbogige Fenster bauen ließen.

Für den Einfluß des Zeitgeistes – und nicht der Sparsamkeit – spricht auch, daß diese Rechteckform sich bei barocken Neubauten wiederfindet, in Eddelak nämlich, worauf im Kapitel über den Barock auf dem Lande zurückzukommen sein wird.

Was von mittelalterlicher Einrichtung übrig blieb

Von den Einrichtungen der Kirchen aus dem Mittelalter, der Zeit vor der Reformation also, haben sich nur einzelne Stücke erhalten, fünf Altaraufsätze des 14. und 15. Jahrhunderts, einige Triumphkreuze und geschnitzte Figuren sowie 13 Taufen. Insgesamt ist es eine bescheidene Bilanz. Alles sind Einzelstücke, die ihren Platz an bestimmter Stelle des Kirchenraumes besaßen. Den Raum auskleidende Einbauteile, wie wir sie aus späterer, nachreformatorischer Zeit, besonders aus dem Barock, kennen, gab es nicht.

Wir müssen davon ausgehen, daß die Kirchen als leere Säle gebaut worden sind. In ihnen fanden die Einzelstücke ihren Platz, als Hauptstücke die Taufen im Westen und Altäre im Osten, vielleicht Triumphkreuze über der Schwelle zwischen Schiff und Chor. Die Taufen im Eingangsbereich dürften die Aufnahme in die christliche Gemeinde durch das Taufen sinnfällig zum Ausdruck gebracht haben. So ist es durch Ausgrabungen in einzelnen Kirchen anderer Landschaften nachgewiesen, zum Beispiel in Garding.

Der Altar hat bis heute seinen Platz am Ostende der Kirche, im Chor. Im Osten wohl, weil dort die Sonne aufgeht und Christus nach dem Neuen Testament als das Licht der Welt verstanden wurde und wird. Licht und Leben sind wohl schon seit Urzeiten miteinander verknüpft worden. Im übrigen waren die Altäre den Namen gebenden Heiligen der Kirche gewidmet und galten als eine Art Grabstätte derselben. Jede Gemeinde war darum bemüht, eine Reliquie ihres Heiligen zu bekommen. Ihr Platz war im Altar oder auf dem Altar.

Hier und dort mag es Ausmalungen gegeben haben, einfache Eintönungen in Farbe vielleicht an hervorstechenden Stellen, Fenstern, Chorbögen. Sonst müssen wir uns die Kirchen in der ältesten Zeit wenigstens verhältnismäßig leer vorstellen. Gestühl nämlich kam erst am Ende des Mittelalters, wenn nicht erst nach der Reformation, in die Kirche. Erste Orgeln dürften erst spät, vielleicht im 15. Jahrhundert, ihren Einzug gehalten haben. Die erste Nachricht, die ich über das Vorhandensein einer Orgel fand, stammt aus dem Jahre 1457 aus Lunden. (Andererseits besaßen einige Geest-Kirchen bis ins 19. Jahrhundert keine Orgeln.)

Die Taufen

In Dithmarschen haben sich besonders viele, meistens schlichte Bronzetaufen erhalten, mehr als in anderen Landschaften. Im Gebiet der alten Herzogtümer Schleswig und Holstein sollen von rund 235 erhaltenen mittelalterlichen Taufen etwa 200 aus Stein gearbeitet worden sein. In Dithmarschen dagegen gibt es sieben mittelalterliche Bronze- und sechs Steintaufen. Der hohe Anteil an Erztaufen wird mit der Orientierung Dithmarschens nach Süden über die Elbe hinweg erklärt. Beidseits der Unterelbe bis ins Lüneburgische finden sich ähnliche Taufen.

Die ältesten Taufbecken stehen in Eddelak und Tellingstedt. Es sind schlichte Kessel. Vor allem der Eddelaker erinnert in seiner Einfachheit an einen großen Grapen (dreibeiniger Kochtopf für offene Feuerstellen). Der Tellingstedter ist durch Ringe um den Kessel und Fußklauen ein wenig ausgeziert. Beide werden nach Wolfgang Teuchert auf die Zeit um 1200 datiert. Das gleiche Datum hat für beide Kirchen unterschiedliche Bedeutung. In Eddelak könnte die Anschaffung der Taufe, sofern es immer noch dieselbe ist, mit der Gründung und Einrichtung der ersten Kirche zusammenhängen. Wir haben dafür keine genaueren Daten, wissen nur, daß das Kirchspiel zwischen 1140 und 1281 entstand, vermutlich von Süderhastedt abgeteilt. Den alten Bau gibt es nicht mehr. Er ist 1740 durch eine Barockkirche ersetzt worden. So mag die Taufe als Hinweis auf die Gründungszeit genommen werden.

Anders ist es in Tellingstedt. Das Kirchspiel gehört zu den ältesten, vor 1140 gegründeten. Der Kirchenbau dürfte in die zweite Hälfte des 12. Jahrhunderts fallen und also vielleicht einige Jahzehnte älter sein als die Taufe.

Ähnlich wie in Tellingstedt stellt sich die Frage auch für Büsum, das zu den Urkirchspielen gehört und dessen Taufe aus der zweiten Hälfte des 13. Jahrhunderts stammen soll. Auch Wesselburen besitzt eine Taufe, die jünger zu sein scheint als die Kirche. Sie wird nach Wolfgang Teuchert in das zweite Viertel des 13. Jahrhunderts datiert, der Bau ist nach Meinung der meisten Fachleute im 12. Jahrhundert entstanden.

Wie dem auch sei: Die alte Wesselburener Taufe ist die interessanteste Steintaufe in Dithmarschen und ungewöhnlich für Schleswig-Holstein, obgleich ihre Hauptreliefs, die einst die Außenwand des Kessels ausgestalteten, irgendwann abgeschlagen worden sind. Was aber noch darunter in der Schräge sitzt, ist bemerkenswert genug. „Dort hocken in frontaler Stellung zwischen Tieren und Blumenmotiven, sehr betont über den Ecken des viereckigen Sockels plaziert und ihrer Funktion nach eigentlich Trägerfiguren des Beckens,

Eddelak, ca. 1913

vier männliche Gestalten mit halbentblößter Brust, die mit erhobenen Händen Schriftrolle und Fisch halten. Sie sind damit nach typologischer Auslegung der Heiligen Schrift zugleich als Wasserwesen (Fisch und entblößte Brust) und Künder des Evangeliums (Schriftrolle) charakterisiert, denn wie mit der Paradiesquelle auch Christus gemeint war, verglich man die vier Flüsse des Paradieses mit den vier Evangelien, die von Christus ausgingen. Es gibt nur wenige Taufen insgesamt, deren Trägerfiguren eindeutig die Paradiesesströme personifizieren . . ." So schreibt Teuchert.

Mit den Paradiesströmen wird eine antike Vorstellung wieder aufgenommen, nach der vier Ströme der Erde Wasser und Leben spenden. Der Quell dieser Flüsse, der symbolisch auch mit Christus gleichgesetzt wurde, war in den Taufbecken symbolisiert und gab ihnen den (lateinischen) Namen fons = Quelle, in Niederdeutsch Fünte. Hergestellt wurde die Wesselburener Taufe vermutlich in Westfalen, wohin es damals über die Hansestädte vielerlei Beziehungen gab.

Vier weitere Taufen, alle aus Bronze, sind noch aus der zweiten Hälfte des 13. Jahrhunderts erhalten, in Meldorf und Hemmingstedt zwei ebenfalls verhältnismäßig schlichte Kessel. Sie stehen im Unterschied

Delve, ca. 1910

zu Eddelak und Tellingstedt auf Füßen, die menschliche Gestalten darstellen. In beiden Kirchen mögen die Taufen zur Fertigstellung (oder Teilfertigstellung) angeschafft worden sein. Das wird für beide um 1300 angenommen, ohne daß sich genauere Daten feststellen ließen.

Die Bronzetaufen in Büsum und Delve aus der zweiten Hälfte des 13. Jahrhunderts sind ein wenig reicher ausgestattet mit Relieffiguren an der Außenwand des Kessels, unter anderem Maria mit dem Kind, Christus und Apostelfiguren. Es sind allgemeine Glaubenssymbole, die mit der Taufe nur insofern zu tun haben, als der Täufling in diese Glaubensgemeinschaft aufgenommen wurde. Das steht in Büsum auch ausdrücklich in einem umlaufenden Spruch: QUI BAPTIZATUR HOC SACRO FONTE CARATUR/MUNDUS LAB (ATUR) ET CATHOLICUS REPUTATUR (Wer durch diese Heilige Quelle getauft wird, wird gereinigt werden/Die Welt wird untergehen, doch der Getaufte wird als recht Gläubiger gelten). Wie zur Betonung der Standfestigkeit besitzt die Büsumer Taufe einen Bodenring, der die vier Stützen zusammenschließt.

Eine verwandte Taufe ist schließlich in Marne zu sehen. Sie stammt aus der alten Kirche, die 1906 durch den heutigen Bau ersetzt wurde.

Nur eine Bronzetaufe stammt aus späterer Zeit, aus dem 15. Jahrhundert, und zwar in Albersdorf. Sie wird eine ältere ersetzt haben, die nach der Schadensliste von 1447 im Jahre 1402 von Graf Albrecht und Herzog Gerhard bei einem Einfall in Dithmarschen geraubt und nach der Kirche Hohenwestedt verbracht worden sein soll. Ob das stimmt, ist nicht nachprüfbar, da Hohenwestedt im 18. Jahrhundert abgebrannt ist. Jedenfalls ist die Geschichte charakteristisch für die Grenzlage von Albersdorf, über die auch schon bei der Frage des Turmes die Rede war.

Noch im Spätmittelalter, wohl alle im 15. Jahrhundert, sind fünf Steintaufen hergestellt worden, deren Material und Herkunft die europaweiten Beziehungen der Bauernrepublik zeigen. Die dunkle Steintaufe in St. Annen hat wohl ein Schiff aus der Gegend von Namùr in Belgien geholt, an der Küste entlang. Das Granitbecken in Süderhastedt mag aus einer heimischen, eher vielleicht einer nicht allzu entfernten Werkstatt nördlich der Eider gekommen sein. Dort war die Bearbeitung des Granit weit verbreitet, für Taufen ebenso wie für Kirchenbauten. Die Sandsteintaufen in Heide, Windbergen und im Dithmarscher Landesmuseum dürften von der Weser gekommen sein, per Schiff über Bremen wahrscheinlich, wie auch die zahllosen Gruftplatten der Friedhöfe.

Die Taufen dienten als große Kessel dazu, die Säuglinge ganz einzutauchen in Anknüpfung an die alten Taufbräuche in Flüssen oder anderen offenen Gewässern. Das blieb ausnahmslos so bis ins 15. Jahrhundert. Dann muß sich ein neuer Brauch ausgebreitet haben, wie die fünf Steintaufen dieses Jahrhunderts beweisen. Sie alle sind kleiner oder haben flachere Mulden, aus denen die Körper nur besprengt oder begossen werden konnten. Darauf wird noch zurückzukommen sein.

Alle aus dem Mittelalter erhaltenen Taufbecken sind aus schwerem, ewig bestehen bleibendem Material, aus Bronze oder Stein. Sicherlich ist das ein Grund, daß verhältnismäßig viele Becken bis heute in den Kirchen verblieben, obgleich ihre Ausmaße für die seit Jahrhunderten üblichen Taufriten, von denen das Betropfen des Kopfes übrigblieb, viel zu groß sind.

Insgesamt gesehen fällt, soweit für uns erkennbar, die Anschaffung der Taufbecken nur in Einzelfällen mit der vermuteten Fertigstellung der Kirche zusammen. Meistens sind die Becken offenbar nachträglich, nie früher angeschafft worden. Die für uns erkennbaren ältesten Kirchenbauten sind in der zweiten Hälfte des 12. Jahrhunderts errichtet worden. Die an den Objekten ablesbare Tradition der Taufbecken beginnt erst um 1200.

Was mag vorher gewesen sein? Nirgendwo in Schleswig-Holstein, auch außerhalb von Dithmarschen, haben sich wesentlich ältere Taufbecken, vor allem welche aus anderem Material, erhalten. Es läßt sich also nicht sagen, ob diese schweren Gefäße ältere Formen ablösten, vielleicht Holzbottiche. So gibt es zum Beispiel eine Miniatur

(Kleinillustration) in einer Handschrift des Klosters Fulda, die im letzten Viertel des 10. Jahrhunderts datiert wird, auf der der Heilige Kilian zur Taufe offenbar in einem Holzbottich sitzt. Der Gedanke liegt nahe, daß solche Bottiche auch bei uns üblich waren, zumal Fässer und Bottiche, die in jedem kulturgeschichtlichen Museum zu sehen sind, für unsere Vorstellungen relativ leicht herzustellen waren. Stimmte das aber auch für jene Zeit des Hochmittelalters? Es gab keine so guten Sägen, mit denen sich präzise Bretter schneiden ließen, wie sie für ein Faß respektive Bottich notwendig waren. Auch das Schmieden der Ringe kostete verhältnismäßig mehr Kunst, Zeit und Mühe.

Doch führen solche technischen Probleme leicht von der wesentlicheren Frage weg: Hatten die Priester in den relativ neuen Kirchen das Recht, jedes Neugeborene individuell zu taufen oder beanspruchte der Bischof noch das Taufrecht? Dafür sprächen die allerdings nicht eindeutig geklärten Fundamente bei der sogenannten Vicelinkirche in Bosau, die als Baptisterium interpretiert werden, als eigenes Taufhaus also. Das wäre für Dithmarschen sinngemäß in Meldorf zu suchen, wohin denn ein- oder zweimal im Jahr die Täuflinge, jung oder älter, gekommen oder gebracht worden wären, um in Gruppen getauft zu werden. So ist es ja auf jeden Fall in den Jahrhunderten gewesen, in denen allein in Meldorf eine Kirche für ganz Dithmarschen stand.

Wie lange hielt das an? Seit wann gingen Recht und Brauch des Taufens an die neuen Kirchspiele und ihre Pfarrer über? Wenn sich die Lehren der Kirchenväter, die zum Teil noch im Römischen Reich gelebt hatten, mit den großen Erneuerungsbewegungen des 11./12. Jahrhunderts auch bei uns durchgesetzt haben sollten, wären die im 12. und 13. Jahrhundert gegründeten Kirchspiele bereits zur Taufe berechtigt und sogar verpflichtet gewesen zur Rettung der Seelen. Nach den Lehren des Augustinus, die offiziell ins kanonische Recht übernommen wurden, war der Mensch von Geburt sündig und bedurfte der Taufe, um in der Gemeinschaft der Gläubigen am Heil teilhaben zu können, einfach gesagt, um in den Himmel kommen zu können.

Diese Lehre beinhaltete, daß der Säugling möglichst bald nach der Geburt getauft wurde, denn wegen der großen Säuglingssterblichkeit stand sein Seelenheil auf dem Spiel. Ein so kurzfristiges Taufen war nur möglich nach Ausbau der Kirchenorganisation, nach Erreichbarkeit des „eigenen" Pfarrers respektive der naheliegenden Kirche. Vor allem aber erst, nachdem diese Lehre akzeptiert worden ist von weiten Kreisen der Bevölkerung. Dafür mußten die Bewohner umdenken, denn die Theologie verlangte eine ganz neue Einstellung zum Kind. Dessen Seele sollte wichtig genommen, sein winziges Individuum als des Heiles würdig respektiert werden – ein bis dahin fraglos unvorstellbarer Gedanke. Im germanischen Recht, das galt, unterstanden Kinder der Verfügungsgewalt des Vaters, so sehr, daß sie verheiratet wurden, ungefragt, wenigstens was die Tochter betraf. Auch das sollte ja nach den Zielen der Theologen geändert werden.

Altäre

Doch zurück zur Einrichtung. Die Schwere und Dauerhaftigkeit sowie der festgelegte Platz machten die Erz- und Steintaufen zu einem festen Bestandteil, zu einem Stück Architektur im westlichen Teil der Kirche. Sie hatten als Gegenstück im Osten, im Chor, den Altar, der auch als dauerhafter Bestandteil vorzustellen ist. So läßt es sich wenigstens nach einzelnen, aus dem Mittelalter erhaltenen Beispielen vermuten. In Burg, Delve, Hemme besitzen die Altäre heute noch massive, aus Backsteinen gemauerte Sockel (Stipes) mit Altarplatte (Mensa) aus Kalkstein in Hemme und mit in die Altarplatte eingeschnittenen Weihekreuzen in Burg. Letztere werden ins 15. Jahrhundert datiert. Es ist kaum anzunehmen, daß der Altar älter ist, schon gar nicht so alt wie der Bau. Anders ist es in Delve und Hemme. Dort könnten die Sockel aus der Anfangszeit stammen, denn auch beim Bau ist Backstein verwendet worden, für einzelnes in Delve, für das ganze Haus in Hemme. Wie aber mögen die anderen, vor allem älteren Altartische im 12./13. Jahrhundert ausgesehen haben? Waren sie aus Feldstein, geglättet mit Mörtel als Stipes und einer Natursteinplatte darauf? Jedenfalls war es wohl ein Tisch ohne Aufbauten, ähnlich wie heute in Burg, allerdings ohne das dort stehende Kruzifix, eher mit einer hölzernen Figur des Heiligen, dem Kirche und Altar gewidmet waren.

Aufsätze auf den Altären dürften sich erst mit der Zeit eingestellt haben, ausgehend vielleicht von Reliquien, die in ihren Kästen, Schränken an besonderen Festtagen auf dem Altar zur Schau gestellt wurden – Reliquien des Titelheiligen der Kirche, häufig Knochen oder Knochensplitter. Wo waren sie zu bekommen? Es gab wohl einen diskreten Handel damit, betrieben vor allem von Klöstern, die „sachkundig" waren. Mit einem Stückchen einstigen Lebens des Heiligen war die Glaubensvorstellung verbunden, teilzuhaben an ihm und seiner wunderwirkenden weiterhin lebendigen, also gegenwärtigen Kraft. Solche Vorstellungen sind sicherlich älter als der christliche Glaube. Sie haben auch heute noch ihre Nachläufer, etwa im individuellen Leben durch Verwahren bestimmter Erinnerungsstücke, mit denen das vergangene Leben eines Angehörigen wieder beschworen wird, oder auch durch Aufbewahren schützender bzw. glückbringender Objekte.

Im 14. Jahrhundert dürften größere Aufsätze für die Altäre ausgebildet worden sein. Sie knüpften vermutlich an die Reliquienschreine an. Bisweilen besitzen alte Altaraufsätze in der Mitte noch ein Fach für eine Reliquie. In Dithmarschen sind von zwei Altären des 14. Jahrhunderts Figuren erhalten: in der Kirche St. Annen und im Dithmarscher Landesmuseum. In St. Annen stehen einzelne Figuren in einem querformatigen, gotischen Dreiflügelschrein, vielleicht dem Originalschrank, allerdings auf einem bemalten Untersatz (Predella) mit dem Datum 1494/95. Auf ihm halten zwei Engel das Schweißtuch der Veronika. Im Schrein bilden Christus und die thronende Maria den Mittelpunkt, flankiert von den zwölf Aposteln. Das ist eine zeittypische Konstellation. Sie hat es ähnlich auch in Meldorf gegeben. Erhalten sind davon nur fünf Apostel. Sie gehören zu den schönsten mittelalterlichen Kunstwerken, die in Dithmarschen zu sehen sind, und werden heute im Dithmarscher Landesmuseum verwahrt. Über ihre Schnitzer weiß man nichts. In Büsum hat sich die Doppelfigur einer Marienkrönung von etwa 1440 erhalten. Das Thema war beliebt für die Ausgestaltung des Mittelfeldes solcher Altäre. Davon mag die Figur übriggeblieben sein.

Doch noch einmal zurück nach St. Annen. Der Altaraufsatz dort ist älter als die Kirche, also vermutlich für den ersten Kirchenbau gebraucht gekauft worden. Das war nicht ungewöhnlich, um so weniger als damals, in den Jahrzehnten vor der Reformation, der dreiflügelige Altaraufsatz mit szenischen Darstellungen, besonders beliebt mit der Kreuzigungsszene, aller Orten in Mode kam und ältere Modelle, wie die von St. Annen, verdrängte.

Solche Aufsätze mit Passionsdarstellungen stehen heute noch oder wieder als Hauptaltar in Süderhastedt und Meldorf. Der in Süderhastedt ist der ältere, geschnitzt um 1470. Er bietet die Kreuzigungsszene (Passion) als Hauptfeld sowie die Hauptstationen der Kindheit Jesu: Verkündigung, Geburt, Anbetung der Könige und Darbringung im Tempel. In Meldorf sind neben der Kreuzigung im Mittelfeld weitere vier Passionsszenen dargestellt. Vor allem die Hauptszene hat in der Komposition große Ähnlichkeit mit dem Brüggemann-Altar-Aufsatz in Schleswig, einem Spitzenwerk der Schnitzkunst in Schleswig-Holstein aus der gleichen Zeit wie der Meldorfer, um 1520. Dennoch hat, wie eine genauere Betrachtung ergibt, der Meldorfer Altar nichts mit Brüggemann zu tun, so nahe auch der Meister zu sein scheint. Er arbeitete damals zeitweilig in Husum. Der Grund der Ähnlichkeit liegt darin, daß beide Schnitzer – wie üblich – nach einer Vorlage arbeiteten. Der große Brüggemann benutzte dieselbe Vorlage wie der gute Durchschnittsmeister in Meldorf, machte aber doch etwas anderes daraus.

Ein dritter spätgotischer Altaraufsatz, etwa vom Alter des Meldorfers, hängt an der Südwand des Hauptschiffes der Kirche in Heide. Er ist sicher einmal Hauptaltar gewesen, bevor 1699 der heutige seinen Platz einnahm. Der alte Altar zeigt nämlich den Titelheiligen, den großen Nothelfer St. Georg oder niederdeutsch St. Jürgen, im Kampf mit dem Drachen, dem Urbild des Bösen, das alles verschlingen will. St. Georg ist vergesellschaftet mit zwei Männern, die dem Bösen zum Opfer fielen, die aber im Glauben standhaft blieben, dem Apostel Andreas, der ans schiefe Kreuz geschlagen wurde (Andreaskreuz), und Johannes dem Täufer, dessen Enthauptung dargestellt ist. Die vierte Szene schließlich versinnbildlicht segensreiche Früchte des Glaubens. Einem Bischof gelingen Wunderheilungen. Die Hauptszene, die Beweinung Christi darstellend, ist von etwas anderer Art und mag als erneuert gelten.

Wahrscheinlich hat es sehr viel mehr Flügelaltäre gegeben. Das legt der in anderen Landschaften erhaltene Bestand nahe. Sie sind mit der Zeit durch neuere Aufsätze verdrängt worden wie in Heide und St. Annen, wo die älteren immerhin aufbewahrt worden sind. In Meldorf steht der gotische Altar auch noch keine 100 Jahre wieder an seinem Platz. Ein Barockaltar – der nach dem Stifter genannte Klotziusaltar von 1695 – hatte lange seinen Platz eingenommen.

Außer diesen Hauptaltären im Chor hatten sich in den Kirchen im Laufe des späten Mittelalters, vor allem wohl im 14. und 15. Jahrhundert, Nebenaltäre angesammelt. Sie verdanken ihr Dasein Stiftungen, die einen Heiligen mit Fürbitten bemühten und mit einer jährlich bestimmten Zahl von Messen verbunden waren, die zugunsten des Seelenheiles Verstorbener zelebriert werden sollten. Auf vielen dieser Altäre können wir uns auch wohl die Figuren der Heiligen vorstellen, denen der Altar gewidmet war, weil die Stifter sich von ihm oder ihr spezielle Hilfe versprachen. Von so einem Altar mögen die mittelalterlichen Figuren der Heiligen Margarethe in Büsum und Delve (jetzt im Dithmarscher Landesmuseum, Meldorf) stammen. Auch die Heilige Gertrud besaß in Meldorf einen Altar. Von ihr steht an der Südwand des Hauptschiffes noch eine Figur. Auch der Heilige Sebastian im Meldorfer Museum und manche andere Figur stammen vermutlich von solchen Nebenaltären.

Diese Nebenaltäre sind nach der Reformation allmählich aus den Kirchen verschwunden, da sie wegen der neuen Lehre Luthers, in der Heilige nichts mehr galten, keine Funktion mehr besaßen.

Triumphkreuze

Zu einem festen Bestandteil gehörte oder wurde im späten Mittelalter das Triumphkreuz, in der Regel über der Schwelle von Schiff zum Chor auf einem Balken montiert. Es zeigt den Gekreuzigten, neben sich meistens Maria, die Mutter, und Johannes, den Evangelisten. Diese Kombination scheint allgemein üblich gewesen zu sein, wie die am gebührenden Platz oder auch an anderer Stelle erhaltenen Figuren in mindestens zehn Kirchen zeigen. Die meisten sind im 15. oder am Anfang des 16. Jahrhunderts gearbeitet worden, in der spätgotischen Phase. In ihr wurden die himmlischen Figuren sehr irdisch, in großer Realistik vorgestellt. Unter ihnen befinden sich künstlerisch hochwertige Arbeiten. Heraus ragen die etwa lebensgroßen Holzplastiken von Maria und Johannes von etwa 1520 in Wesselburen und der Gekreuzigte in Eddelak aus gleicher Zeit – alle nicht am Originalstandort.

Noch am alten Standort, aber auf neuem Balken – und an einem neuen Kreuz – steht das älteste in einer dithmarsischen Kirche erhaltene Triumphkreuz in Delve, ebenfalls mit Maria und Johannes neben sich. Die Kunsttopographie datiert die Gruppe auf das dritte Viertel des 14. Jahrhunderts. Es ist also 100 bis 150 Jahre jünger als die Kirche selber. Es gehört zu den ältesten in Schleswig-Holstein, wo im ganzen wie in Dithmarschen die Triumphkreuze aus dem 15. oder von Anfang des 16. Jahrhunderts überwiegen. Nur einzelne stammen aus dem 14. Jahrhundert, und eine Seltenheit sind Triumphkreuz-Gruppen des 13. Jahrhunderts, eines von etwa 1260 im Ratzeburger Dom und eines nur wenig jünger in Schobüll nördlich von Husum. Andere haben im Flensburger Museum überlebt.

Wohl das älteste dürfte ein gekreuzigter Christuskörper sein, der im Nationalmuseum in Kopenhagen verwahrt wird. Er hält in der Art des romanischen Stiles die Füße geschlossen, steht eigentlich eher, als daß er hängt. Datiert wird er auf etwa 1200. Der Körper ist rund 2,20 Meter groß, liegt in seinem Maß also zwischen dem in Schobüll (1,50 Meter) und Ratzeburg (rd. 2,50 Meter). Er dürfte von einem Triumphkreuz stammen und soll nach Angaben des Kunsthändlers, der ihn 1893 ans Nationalmuseum verkaufte, aus Albersdorf stammen. Wenn das stimmt, wäre es der älteste Christuskörper von einem Triumphkreuz nicht nur in Dithmarschen, sondern in Schleswig-Holstein.

Wäre daraus zu schließen, daß auch andere Dorfkirchen schon in früher Zeit ein Triumphkreuz besaßen? Vermutlich ja. Nur warum sind so sehr viele von ihnen im 15. Jahrhundert durch neuere ersetzt worden? Wegen der großen menschlichen Nähe, die damals in der künstlerischen Darstellung üblich war und die auch auf einer damals

Triumphkreuz Albersdorf, Nationalmuseum in Kopenhagen

neuen, sich weit ausbreitenden Altargattung wiederkehrt, dem Passionsaltar (s. o.)? Außerdem müssen die romanischen Darstellungen sehr altertümlich, wenn nich „falsch“ gewirkt haben wie die aus Windbergen nach Meinung des Domkapitels. Das 15. Jahrhundert war eine gute Zeit für Erneuerungen, weil es der Landwirtschaft, dem Handel und Handwerk im ganzen gut, es sozusagen aufwärts ging.

Von anderen Haupteinrichtungsstücken haben wir keine Reste erhalten. Orgeln dürfte es vor der Reformation nur sehr selten in einer Kirche gegeben haben. Auch Kanzeln und Gestühl waren jedenfalls nicht allgemein üblich. Gottesdienste ohne Orgel mögen für uns noch vorstellbar sein, vor allem durch Erfahrungen in der ehemaligen DDR, wo Organisten Mangelware oder wegen der knappen Kirchenkassen nicht bezahlbar sind. Aber Gottesdienste ohne Gestühl? Diese Frage läßt deutlich werden, daß wir uns den Ablauf der vorreformatorischen Gottesdienste anders vorzustellen haben. Es dürften keine zentral gelenkten und mit Blick auf Kanzel und dem einen Altar orientierte Handlungen gewesen sein. Die einzelnen Elemente, Lesung, Gesang, Gebet, Predigt mögen meistens auch geübt worden sein, aber dezentral, verteilt auf verschiedene Altäre, im Wechsel vielleicht, gewiß auch gleichzeitig mit Gebet oder Predigt hier und dort. Durch Stiftungen, „Pfründe“, sollte in den Dörfern auch mehr als nur ein Geistlicher beteiligt gewesen sein.

Auch spielten sicher Umgänge, kleine und große Prozessionen eine Rolle. In einzelnen Kirchen sind mittelalterliche Kruzifixe erhalten, die wie in Süderhastedt (14. Jahrhundert) nach erkennbaren Spuren als Vortragekreuz dienten. Die Gemeinde war sicherlich mehr in Bewegung, wobei persönlicher Austausch im Gespräch auch wohl nicht ausgeschlossen war.

Gottesdienst hatte vor der Reformation weniger den Charakter einer frontal ausgerichteten „Lehrveranstaltung“ – wie in der lutherischen Kirche –, er ist viel mehr als bewegte Veranstaltung mit verschiedenen und wechselnden Schwerpunkten zu denken.

Neue Einrichtungen wegen Luthers neuer Lehre

Die Reformation ist in Dithmarschen von jungen Pastoren, die bei Luther studiert hatten, seit 1523 kirchspielsweise in Gang gesetzt worden. Sie gehört zu den bemerkenswerten Kapiteln der Dithmarscher Geschichte. Ihr Ablauf kann hier nicht abgehandelt werden. Darüber ist zum Beispiel in der „Kleinen Geschichte Dithmarschens" nachzulesen. Für den Zusammenhang dieses Buches sind zwei Folgen der lutherischen Reformation besonders herauszuheben: die Auswirkungen auf die Einrichtungen der Kirchen und auf ihre Position im Staat und in der Öffentlichkeit. Beides geht auf Luthers Wirken zurück, ohne daß es allein sein Werk wäre, wenigstens was die Veränderung im Staat betrifft.

Kanzeln und Bänke

Luther hat persönlich keinen Einfluß auf die Gestaltung der Kirchen genommen. Wie er allen Bilderstürmereien abhold war, so auch Veränderungen in der Einrichtung oder in Ritualen wie Taufe oder Eheschließungen. Seine Lehre aber enthielt in sich Konsequenzen für die Gestaltung der Kirchen.

Luther hat in seiner Schrift „Von ordenung gottis diensts ynn der gemeine" im Jahre 1523 den grundlegenden Unterschied zwischen dem bisherigen Ablauf des Gottesdienstes und seinen neuen Vorstellungen skizziert. Es seien so viele „unchristliche fabeln und lügen, beyde in legenden, gesange und predigen" untergekommen, daß es „greulich ist zu sehen", wie Gottes Wort darüber verloren gegangen sei. Wir dürfen das wohl so verstehen, daß der Inhalt des Gottesdienstes dem der Kirchen entsprach mit ihren vielen Altären, Bilderwelten und Heiligenfiguren. Zu ihnen gehörten jeweils Lebensgeschichten, Berichte von Wundertaten, die sich – wie die Nebenaltäre – breitgemacht und verselbständigt haben dürften, ohne mit Bibeltexten stichhaltig begründbar zu bleiben.

Nach Luther nehmen diese Art von Texten in Predigt, Liedern und anderen Bräuchen wie Prozessionen viel mehr Raum ein als die Heilige Schrift. Sie trat kaum noch selber in Erscheinung, wurde meistens in Latein gelesen und war damit dem gemeinen Mann unverständlich.

Das sollte anders werden. Auf die Schrift allein, auf das Alte und Neue Testament, kam es Luther an. Sie sollten gelesen und erläutert werden, das war vor allem anderen wichtig. „Es ist alles besser nach gelassen denn das wort", sagt er wörtlich, was etwa heißt: Alles kann wegbleiben, nur nicht Predigt und Gebet nach dem Text der Bibel.

Der Punkt also, von dem aus die Bibelstellen vorgelesen und interpretiert wurden, bekam neben dem Altar, als Tisch des Herrn und seiner Schrift, die wichtigste Funktion in der Kirche. Dieser Punkt wurde die Kanzel. Es bedurfte keiner Neuschöpfung. Ein tonnenartiger Predigtstuhl war längst bekannt, wenn auch offenbar nicht allgemein verbreitet. Es ist fraglich, wie früher schon erwähnt, ob vor der Reformation in den Dorfkirchen Dithmarschens fest eingebaute Kanzeln vorhanden waren. Nach der Reformation aber wurden sie Allgemeingut. Es wurde variiert zwischen alleinstehenden vier- oder fünfeckigen Körben und einer kleinen, emporenartigen Anlage mit mehreckiger Ausbuchtung. Für die Placierung bildete sich offenbar eine gewisse Regel heraus.

Die Kanzeln wurden meistens an der Südwand des Überganges vom Schiff zum Chor erhöht aufgestellt oder aufgehängt, so daß der Prediger über den Köpfen der Zuhörer stand und er bis in die letzte Bank jeden sehen und von jedem gesehen werden konnte. Bis in die letzte Bank, denn nun, nach Luther, wurde es ebenfalls allgemein üblich, in der Längsrichtung des Kirchenschiffes lange Bänke hintereinander aufzustellen – wie wir es auch aus den alten Schulen kennen. Das dürfte kein Zufall sein. Für Luther war das Kennenlernen der Bibel und ihre Erläuterung durch den Prediger, die Unterrichtung der Gemeinde also, der wichtigste Inhalt des Gottesdienstes. Jeder sollte die Heilige Schrift verstehen und möglichst auch lesen können, deswegen setzte Luther sich auch vehement für die Errichtung von Schulen ein. Diese innere Verschränkung von Gottesdienst und Schule ergibt sich aus seinem Glaubensverständnis, das allein auf den Worten der Schrift beruht.

Dieses Glaubensverständnis drückte sich auch in den Bildprogrammen der Kanzeln aus. Apostel sind auf ihnen dargestellt oder Evangelisten, Prediger also, oder besonders lehrreiche Szenen aus dem Alten und Neuen Testament, besonders Sündenfall, Vertreibung aus dem Paradies, Verkündigung Mariens und Geburt Jesu, Abendmahl, Kreuzigung, Himmelfahrt, Jüngstes Gericht.

In Wesselburen, Hennstedt, Schlichting stehen die Kanzeln jeweils auf Moses als Trägerfigur, die Gesetzestafeln vorzeigend. Er symbolisiert die Basis des Alten Testaments. Darüber stehen Apostel bzw. Evangelisten rund um den Kanzelkorb und seine Treppe, die

Verkündigung des Neuen Testamentes versinnbildlichend. Seltener finden sich Tugendfiguren, vor allem Liebe, Hoffnung, Gerechtigkeit, als Muster der Glaubensinhalte.

Die einzelnen Programme waren nicht zeitgebunden. Sie treten in wechselnder Folge vom 16. bis zur Mitte des 18. Jahrhunderts auf. Es gibt Apostel und Evangelisten an den Kanzeln aus dem 16. Jahrhundert etwa in Hemmingstedt ebenso wie aus dem 18., etwa in Brunsbüttel oder Wesselburen. So ähnlich gilt es auch für die genannten Szenen aus dem Leben Jesu, aus dem 16. Jahrhundert in Hemme und Heide zum Beispiel oder aus dem 17. in Weddingstedt, nicht mehr allerdings aus dem 18. Jahrhundert.

Die neuen Kanzeln kamen nicht sogleich nach der Reformation in die Kirchen. Ein oder zwei Generationen vergingen, ehe die Neuerungswelle unsere Kirchen erfaßte. Daraus ist zu schließen, daß das Umdenken im lutherischen Sinne seine Zeit, das heißt, einige Generationen brauchte. Das ergibt sich auch aus anderen Dingen. So haben zum Beispiel die führenden Vertreter der Republik Dithmarschen für die Unterzeichnung des Friedensvertrages von 1559, durch den Dithmarschen seine Selbständigkeit verlor, eigens ein Siegel machen lassen, daß die Trauer des Landes zum Ausdruck bringen sollte: Es zeigt die mater dolorosa, d. h. die als Landesmutter verehrte Maria jetzt als Schmerzensreiche. Sie richtet auf dem Siegel eine Schwertspitze gegen ihr Herz! Maria wurde also weiter als „Staatsheilige" hoch verehrt, trotz Luther und obgleich gerade die ersten großen reformatorischen Predigten des zu Gast geladenen Reformators Heinrich von Zütphen im Jahre 1524 in Meldorf, was bereits 35 Jahre zurücklag, sich gegen den Marienkult richteten.

Und ein zweites Beispiel. Im Dithmarscher Landesmuseum in Meldorf wird eine Kasel, ein rotes Priestergewand mit einem breiten, in Goldfaden gestickten kreuzartigen Band gezeigt, das eindeutig in spätgotischem Stil (also vorreformatorisch) gearbeitet ist, aber ebenso eindeutig die kleingestickte Jahreszahl 1644 trägt. Es stammt aus Büsum und belegt, wie vorreformatorische Gottesdienstformen, in diesem Fall das Priestergewand, weiter als Muster genommen worden sind. Andere Kaseln des 17. Jahrhunderts verwahrt z. B. das Städtische Museum Flensburg. Und auch in der lauenburgischen Kirchenordnung von 1585 ist an wechselnden alten Priestergewändern festgehalten. Auch das Fortleben des spätgotischen Flügel-Passions-Altaraufsatzes bis um 1600, von dem im nächsten Kapitel zu reden sein wird, mag dazugerechnet werden.

Mit diesen Beispielen wird zugleich der Zeitraum gekennzeichnet, aus dem die Kanzeln in den alten Kirchen stammen. Sie sind zwischen

1560 und 1660 eingebaut worden. Die Renaissance- und Frühbarockformen beherrschen das Feld, sofern nicht im 18. Jahrhundert Neubauten (Brunsbüttel, Eddelak, Windbergen, Wöhrden, Wesselburen) oder Neueinrichtungen (Neuenkirchen) Spätbarockes brachten. Aber auch dort leben vielfach die alten Muster weiter, in Brunsbüttel etwa die Apostel, in Wesselburen Moses als Trägerfigur und Evangelisten und Apostel an der Kanzel und ihrem Aufgang. Selbst in die 1906 neu errichtete Marner Kirche ist die alte Kanzel übernommen worden.

Altäre

Weniger variationsreich in ihren Darstellungsmotiven als die Kanzeln sind die Altaraufsätze, die nach der Reformation entstanden – und das sind von den heutigen die meisten. Die ersten, die aus nachreformatorischer Zeit erhalten sind, stehen in Hemmingstedt und Weddingstedt, beides Renaissance-Werke der Jahre vor oder nach1600. Beide knüpfen nach Konstruktion und Inhalt an spätgotische, vorreformatorische Flügelaltäre an, wie sie in Meldorf und Süderhastedt zu sehen sind. Die Hauptszene im Mittelfeld ist bei beiden Altaraufsätzen die Kreuzigung. Es handelt sich also im Grunde um Passionsaltäre. In Hemmingstedt ist das noch am deutlichsten, da die Flügel weitere Passionsszenen nach Stichen von Dürer zeigen. In Weddingstedt sind die Flügel später neu, 1843, mit Apostelfiguren bemalt worden.

Dieses Fortleben der im Spätmittelalter sehr beliebten und verbreiteten Passionsflügelaltäre über die Reformation hinaus scheint mir charakteristisch, mögen auch die gotischen eher geschnitzt, die neueren mehr bemalt worden sein. Luther wollte eben nur die Theologie erneuern, aber keine neue Kirche schaffen. Dazu paßten vorhandene Tendenzen. So ist das Leben Jesu offenbar seit der zweiten Hälfte des 15. Jahrhunderts immer stärker in den Mittelpunkt der Theologie und vor allem der Verehrung der Bevölkerung gerückt. Es wurde damals sehr gegenwartsnah, in zeitgenössischen Gewändern und sehr plastisch dargestellt, d. h. für alle Kirchenbesucher einsichtig. In den Szenen dürften sie ihr Leben wiedererkannt haben. Die jährliche Wiederholung der verschiedenen Stationen im Leben Jesu, die mit entsprechenden Spielen oder Prozessionen begangen wurden, sind weniger als Erinnerung an einen einmal geschehenen Vorgang verstanden worden als eine Wiederholung des Ereignisses selber. Christus war wiedererstanden. Er war gegenwärtig und litt sein Leben in der Welt und den kirchlichen Zeremonien in den Vorstellungen der Gottesdienstbesucher noch einmal durch. Das ging über die Reformation hinweg. So mag es uns verständlich werden, wenn

Männer und Frauen sich selbst knieend vor dem am Rande des eigenen Wohnortes gekreuzigten Christus abbilden ließen, so etwa in dem Epitaph des Büsumers Karsten Wytt von 1598, das sich im Dithmarscher Landesmuseum in Meldorf befindet. Der Mann – als Auftraggeber – sah sich offensichtlich mit dem Gekreuzigten konfrontiert. Er kniete mit Frau und zum Teil Familie vor ihm als seinem Herrn und Richter. Solche Darstellungen gibt es auch aus anderen Orten. Ihnen verdanken wir vereinzelt sehr alte Ansichten, etwa von Mölln. Dagegen scheint die Ansicht von Büsum eher phantasievoll ausgemalt worden zu sein.

In den Jahrzehnten vor der Reformation waren solche Leben-Jesu-Szenen vergesellschaftet mit einer Fülle anderer, oft ähnlicher Szenen aus dem Leben Mariens und vieler Heiliger. Sie wurden nach der Reformation immer mehr abgebaut, die entsprechenden Altäre ebenso wie die Vorstellungen in den Köpfen der Menschen – mag es auch eine Zeit gedauert haben. Übrig blieben die Kernaussagen, d. h. bestimmte Szenen und Geschichten aus dem Alten und dem Neuen Testament, vor allem aus dem Leben und Wirken Jesu.

Die Darstellung auf den Altaraufsätzen verengte sich im Jahrhundert nach der Reformation, im 17. Jahrhundert, aus dem die meisten Altäre stammen, auf ein Programm, das immer wiederkehrte, mit in Dithmarschen nur einer Abweichung (Tellingstedt). Dieses Programm ist auch schon für die Altaraufsätze in Hemmingstedt und Weddingstedt aufgenommen worden. Sie übernahmen von den gotischen Aufsätzen das querformatige Grundgerüst mit Mittelfeld und Flügeln, durchkreuzten es aber zugleich mit einer neuen, fortan immer wiederkehrenden und dominierenden Senkrechten, die den Altären in der Regel Hochformat gab. Im Untersatz (Predella) des Aufsatzes wird das Abendmahl dargestellt – so in Weddingstedt, in Hemmingstedt sind es noch ein letztes Mal Apostel. Das Hauptfeld darüber gehört der Kreuzigung, und bekrönt wird alles von dem auferstehenden und zum Himmel fahrenden oder bereits auferstandenen Christus als Salvator. Dazu kamen eingeschobene oder hier und dort auch flankierende Bilder oder Figuren, etwa Evangelisten, Moses und Johannes der Täufer oder Tugendfiguren, besonders Glaube und Hoffnung oder ähnliches. Dieses Programm wurde selbst dort durchgehalten, wo der Aufbau ganz anders zu sein schien, in Brunsbüttel etwa. Dort besteht der Altaraufsatz im Knorpelstil des 17. Jahrhunderts aus einer großen Tafel mit bewegten Rändern und elf ovalen Bildfeldern. Sie alle aber sind um das Hauptfeld in der Mitte gruppiert, das die Kreuzigung zeigt. Und die Krone des ganzen ist der Salvator.

Von einer Abweichung war die Rede: Tellingstedt, dessen Altaraufsatz von 1698/99 aus dem Abbruch der Garnisonskirche in Tönning (18. Jahrhundert) gekauft worden ist. Er hat nicht die Kreuzigung, sondern die Ölbergszene als Hauptbild (Herr, laßt den Kelch an mir vorübergehen). So groß ist die Abweichung auch wieder nicht. Die Passion ist immerhin schon anvisiert.

Warum mögen alle Altäre von 1600 bis um 1800 allein auf die Leidensgeschichte ausgerichtet gewesen sein – auf den Tod und seine Überwindung durch Jesus? Es ist gewiß das zentrale Thema der Lutherischen Glaubenslehre. Aber doch nicht das einzige denkbare Thema. Was ist z. B. mit der Liebe? Oder sollte das Zentralthema des Todes charakteristisch sein für die Norddeutschen?

Bei der Gestaltung der Altäre ist auf längere Sicht eine Tendenz zur Abstraktion unverkennbar, vor allem im 18. Jahrhundert. Von den vielfigürigen Kreuzigungsszenen im Hauptfeld bleibt nur der Gekreuzigte übrig, z. B. in Wesselburen. Darauf wird im Kapitel Barock auf dem Lande im Zusammenhang mit dem Kanzelaltar noch zurückzukommen sein.

Die Tendenz zur Abstraktion wirkte sich auch auf die Bildergeschichten aus, die etwa in Hemme noch vollständig, in anderen Kirchen in größeren oder kleineren Partien auf Emporenbrüstungen, als Gestühlsrückwände oder Wandbekleidungen erhalten sind. Sie stellen in farbfreudigen Ölbildern Szenen des Alten und Neuen Testaments dar, vielfach mit Angaben der Schriftstellen. Sie alle stammen aus der Zeit nach der Reformation, meistens aus dem 17. Jahrhundert, nur vereinzelt noch aus dem 18. – in ihm versiegte schließlich die Bilderwelt wie auf den Altären.

Diese Bilderwelten erscheinen wie ein Fortbestehen der spätmittelalterlichen, vorreformatorischen Vielfalt, die sich damals in etlichen Altären für jede Kirche, in Heiligen-Legenden, Reliquienschreinen, Sakramenthäuschen und ähnlichem zeigte, in Dingen, die nach Luthers Lehre überflüssig waren. Luther wollte nichts als die Bibel. Und um sie handelt es sich auch bei den nachreformatorischen Bildtafeln. Es sind Bibelillustrationen, nicht Heiligen-Legenden und ähnliches, Vergegenwärtigungen also biblischer Ereignisse. Sie erinnern an spätere Lehrtafeln in der Schule. So ähnlich sind sie sicher auch benutzt worden.

Luthers Kirche und die 48er in Dithmarschen

Das Herausdrängen der mannigfaltig dargestellten Heiligen-Legenden, der Nebenaltäre, Reliquien sowie die Ausstattung mit neuem Gestühl, mit neuen Kanzeln und Altären mit ihren eng auf die Glaubensverkündigung ausgerichteten Bildfolgen ergeben sich als eine unmittelbare Auswirkung der lutherischen Lehre.

Die Verschiebung der Stellung der Kirche in der Öffentlichkeit und im Staat ist nur teilweise auf das Wirken Luthers zurückzuführen. Sie verschränkt sich mit der Ausbildung größerer und stärker von Fürsten zentral gelenkter Staaten, die gemeinhin Territorialstaaten genannt werden. Einer ihrer Herren war es, der Luther in den kritischen Jahren persönlichen Schutz gewährte. Das hinderte den Reformator nicht, das Wirken und die christliche Einstellung von Adel und Fürst äußerst skeptisch zu beurteilen. Nur hielt er ihren Stand für unentbehrlich zur Aufrechterhaltung von Frieden und Ordnung in der menschlichen Gesellschaft. Die Obrigkeit, d. h. Ratskollegien, Adelige, Fürsten sind von Gott gewollt. Ihr schuldet jedermann Gehorsam. Dabei berief Luther sich besonders auf den 13. Römerbrief von Paulus, mit dem auch römisches Recht transferiert wurde. Luther unterstützte damit die auf Ausbau zentraler Fürstenmacht hinauslaufenden Tendenzen der Zeit, bei der die Übernahme (Rezeption) römischer Rechtsvorstellungen im Zuge der „Renaissance“ eine wesentliche Rolle spielte.

Die Macht der Fürsten allerdings wollte Luther begrenzt wissen auf die Organisationsformen des irdischen Zusammenlebens. „Das Weltliche regiment hatt gesetz, die sich nicht weytter strecken denn über leyb und gütt und was eußerlich ist auff erden“ schreibt er 1523 in „Von weltlicher Oberkeit, wie weit man ihr Gehorsam schuldig sei“. Über die Seelen aber sollen sie keine Gewalt haben, „denn es kan yhe keyn mensch eyn seele tödten oder lebendig machen, gen hymel odder helle fuhren . . .“ (führen). Es mag einer glauben, was er will, das könne der weltlichen Gewalt keinen Abbruch tun. Niemand solle mit Gewalt zu einem Glauben gezwungen werden. So Luther.

Und was wurde daraus? „Cuius regio, eius religio“ hieß die Formel des Augsburger Religionsfriedens von 1555, d. h., wer regiert, entscheidet über den Glauben in seinem Lande. Galt das auch für die Dithmarscher, die doch ihre eigene, republikanische Regierung der 48 Herren besaßen? Auch sie hatten längst entschieden, vermutlich 1532: Alle Prediger des Landes sollten bei „merklicher poene und straffe . . . dat evangelium Lutter . . ." predigen. Das Verkündigen des alten Glaubens wurde also unter Strafe gestellt. Ob das von Luther so gemeint war, auch wenn theoretisch einzelne Bewohner Dithmarschens heimlich einem anderen Glauben anhängen konnten?

Entscheidend blieb: Auch in der Republik Dithmarschen, wo die Kirchspiele die ersten Schritte taten, ist die Reformation am Ende obrigkeitlich verfügt oder doch festgeschrieben worden, allerdings von einem größeren Gremium. Das beinhaltete nicht nur die Festlegung des Glaubens der Bewohner, sondern auch Organisation und Kontrolle des Kirchenwesens seitens der Regierenden. Die 48er bestimmten jetzt – wie anderswo die Fürsten – welche Kirchenordnung gelten sollte, wer die Pastoren einsetzte, wer die Aufsicht führte und zu Gericht saß bei Vergehen, die bisher unter kirchliche Gerichtsbarkeit fielen, Gotteslästerung etwa, Verstöße gegen die Sittlichkeit und ähnliches.

Die Regierung der 48er also wurde Kirchenherr auch über geistliche Angelegenheiten, was vor der Reformation dem Bischof bzw. Domkapitel oblag. Das begann sogar schon 1523, vor der Reformation oder genauer: ganz am Anfang reformatorischer Bewegungen.

Die 48er bauten gezielt eine eigene Landeskirche aus. Sie beriefen ein Gremium von vier Superattendenten (Superintendanten), das die fachliche Kompetenz einbrachte. Die Entscheidung in allen Kirchensachen behielten sich aber allein die 48er vor. Sie festigten und erweiterten also mit der Reformation, sozusagen mit Luthers Hilfe, ihre Kompetenzen und ihre Machtposition als Obrigkeit im neuen, am römischen Recht und dem 13. Römerbrief orientierten Sinn. Durchaus bezeichnend wurden sie in Luthers Schrift für Heinrich von Zütphen aus dem Jahre 1524 „Regenten" (regierende Herren) genannt – ein Titel, der sich in und außerhalb des Landes schnell durchsetzte.

Die Machterweiterung der 48er geschah auf Kosten der Autonomie der Kirchspiele. In kirchlichen Angelegenheiten, auch in geistlichen Dingen, was vor der Reformation Sache der „Fachbehörde", dem Domkapitel in Hamburg, war, bestimmten die 48er den Kurs. So regelten sie zum Beispiel in einem Edikt von 1540 erneut die Gerichtsbarkeit für sittliche Vergehen, weil die vorherigen Regelungen mit Einschaltung der Kirchspiele sich nicht bewährt hatten. Sie zogen die Sache wieder an sich. Und sie fühlten sich so stark festzulegen, daß das Edikt von allen Kanzeln zu verlesen und in alle Kirchspielsbücher einzutragen sei. Das war Zukunftsmusik, so etwa wurde es dann üblich, als Dithmarschen 1559 von Fürsten übernommen wurde.

Solange aber die Republik bestand, gaben die 48er das Maß an, wenn auch beraten von einem geistlichen Fachkollegium. Und sie setzten die Kirche ein zur Durchsetzung ihrer Entscheidungen.

Da sind sie ganz Obrigkeit im damals neuen Sinn. Das bedeutet, der erste Schritt zum „Obrigkeitsstaat" und zur staatlich gelenkten Kirche ist noch in der Republikzeit, speziell der Reformationszeit getan worden. Er war wesentlich, aber nicht allein von Luthers Reformation vorangetrieben worden. Es geschah im Grunde dasselbe wie unter den Fürstenherrschaften in Schleswig-Holstein, allerdings auf republikanischer Basis, d. h. von einer Führungsschicht, die immer noch sozial eingebunden war in die städtischen und dörflichen Gemeinwesen.

Dennoch waren die Landesbewohner ihnen Gehorsam schuldig, so lehrten mit Sicherheit die Pastoren im Sinne Luthers und des 13. Römerbriefes vom Lesepult oder bald von allen Kanzeln. Die Möglichkeit zur Mitwirkung am Entscheidungsprozeß war nur einzelnen, allenfalls kleinen Gruppen gegeben. Wohl waren alle Entscheidungsinstanzen Kollegien, aber nicht etwa frei gewählt von der Bevölkerung. Dithmarschen war eine Republik, d. h. von Ratskollegien regiert, aber keine Demokratie mit allgemeinem Wahlrecht.

So änderte sich für die meisten Bewohner nicht sehr viel, als das Land 1559 seine Selbständigkeit und, das heißt, auch sein Regentenkollegium der 48 Herren verlor und an dessen Stelle Fürsten traten. Sie entschieden von weiter her, sie entschieden eher ohne landeseigene Beratungsgremien – aber ihre Entscheidungen waren in Dithmarschen selber abgepuffert durch das Fortbestehen – oder die Wiedereinsetzung – vieler republikanischer Elemente in Form von Ratskollegen für Kirchspiele und Landesteile sowie durch das im Friedensvertrag 1559 zugesicherte Privileg, führende Beamte (Landvögte, Kirchspielsvögte) aus der einheimischen Führungsschicht zu nehmen – was bis Bismarck gehalten wurde!

Kurioserweise sind also die Weichen für die Einbeziehung der Kirche in den Staat und ihre Indienststellung bei den Fürsten bereits in der Republikzeit gestellt worden.

Die Fürsten sagen, was Du glauben sollst. Kirche im Fürstenstaat

Die Fürsten, der König von Dänemark für den südlichen Teil von Dithmarschen und der Herzog von Gottorf für den nördlichen Teil, bezogen die Kirchen sogleich in ihr Herrschaftssystem ein. Sie waren es, die die erste, von Bugenhagen und weiteren Gelehrten verfaßte Kirchenordnung für Schleswig-Holstein von 1542 erlassen und mit einigen Einschränkungen auch für Dithmarschen als gültig erklärt hatten. Des Königs Stellung als oberster Kirchenherr in Dithmarschen und Holstein, das zum Deutschen Reichsgebiet gehörte, war durch den Augsburger Religionsfrieden von 1555 bestätigt worden, dessen Weitergeltung im Westfälischen Frieden von 1648 ausdrücklich festgelegt worden ist.

Im Königreich Dänemark bekamen die Pastoren die dominierende Stellung des Königs auch dadurch zu spüren, daß sie schließlich neben ihrem Amtseid auch einen persönlichen Huldigungseid (Homagialeid) ablegen mußten, der sie zu treuen Staatsdienern verpflichtete. Das Wohl von Staat und Kirche wurde unlösbar miteinander verknüpft, mit dem Fürsten an der Spitze als dem summus episcopus (dem obersten Bischof) und den Pastoren im letzten Kirchdorf. Das galt im Prinzip auch für Dithmarschen, obgleich die Landschaft in der Abwicklung der öffentlichen Angelegenheiten und der Durchführung staatlicher Aufgaben durch Mitwirkung von Kirchspiels- und Landesorganen wesentlich beteiligt war.

Die Einbindung galt natürlich für alle Untertanen. Gehorsame Untertanen waren ja auch fleißige und ehrliche Untertanen, die nicht nur ihren eigenen Nutzen, sondern auch das Gemeinwohl im Auge zu haben hatten, wie es Gott gefallen sollte. Bei der Interpretation, was gut und nicht gut sei, hatten in Dorf und Stadt die Pastoren ein wesentliches Wort mitzureden. Die Moraltheologie, im Kern die Frage des Gehorsames gegenüber Fürst und Gott, rückte stark in den Vordergrund. Das Lernen der Glaubensgrundsätze, des Katechismus, ist für Kirche und Schule durch fürstliche Verordnungen immer wieder eingeschärft worden. Es ist auch wohl bezeichnend, daß das Wort „abkanzeln" seit dem 18. Jahrhundert in den Sprachgebrauch einsickerte, wenn Gemeindemitglieder von der Kanzel aus Strafreden über sich ergehen lassen mußten. Diese Strafreden mögen als Sorge um das Seelenheil des einzelnen gerechtfertigt worden sein, dürften aber auch dem Wohle der Fürstenherrschaft gedient haben. Die Fürsten verstanden sich ja ohnehin als oberste Instanz in allen Dingen, „Von Gottes Gnaden" dazu bestellt, Wächter über öffentlichen Frieden und Moral zu sein. In unserer Sprache ausgedrückt: die Kirche diente zur Kontrolle und Erziehung des Volkes. Denn: „ Jedermann sei untertan der Obrigkeit, die Gewalt über ihn hat. Denn es ist keine Obrigkeit ohne von Gott . . ." So übersetzte Luther den Paulus-Brief an die Römer, 13. Eine wesentliche Kontrollfunktion erhielt die Kirche durch die ihr übertragene Führung des offiziellen Personenstandsregisters. Kirchenbücher sollten die Daten des individuellen Lebens erfassen, Geburt/Taufe, Hochzeit, Tod. Sie kontrollierten und legitimierten seit dem 17. Jahrhundert den persönlichen Lebenslauf. Damit bekam zum Beispiel der kirchliche Segen der Eheschließung, der seit dem 12.–13. Jahrhundert von den Predigern angestrebt worden war, einen neuen Charakter. Er war es, der jetzt die Ehe rechtsgültig machte, und nicht mehr der Verlobungsvertrag zwischen den Betroffenen bzw. ihren Familien und die in bestimmten Formen vollzogene Eheschließung. Die Verlobungs- und Hochzeitsbräuche, die bis dahin rechtliche Funktionen besaßen, wurden zur Privatsache. Und ob einer „ehrlich", d. h. ehelich geboren war, das bescheinigte jetzt der Pastor rechtsgültig.

Der Pastor konnte auch die Entwicklung der Heranwachsenden verfolgen, da der Kirche die Aufsicht über die Schulen übertragen wurde, während die Trägerschaft den Kommunen oder entsprechenden Interessenverbänden (Schul-Communen) angelastet wurde, sofern es im ersten Jahrhundert nach der Reformation schon welche gab. Noch vor der Begründung der allgemeinen Schulpflicht ließ König Christian IV. 1646 von seinem General-Superintendenten Stephan Klotz (von dessen gleichnamigem Sohn, Landschreiber in Meldorf, der Meldorfer Dom ein Epitaph und einen barocken Altaraufsatz besitzt) eine Prüfung für die Jugend einführen, bevor sie zum ersten Mal zum Heiligen Abendmahl gehen wollte. Sie sollten „. . . öffentlich in der Kirchen für der Gemeine aus dem Catechismus gefraget und also gleichsam darauf confirmiret und eingesegnet . . ." werden. Wegen der Vergeßlichkeit solle das auch öfter wiederholt werden. Seit 1733 sollten die Jugendlichen dann auch zwei Monate lang jeden Tag in der Woche, außer samstags, zum Pastor zur Vorbereitung gehen. Ob sie das überall getan haben, ist die große Frage.

Aber noch einmal zurück zur Verordnung von 1646, die im Grunde die Konfirmation begründete. Sie schärfte zum Beispiel auch dem

Propsten in Meldorf ein, mehr acht auf die Prediger zu haben und sie vom Suff abzubringen, da sie „theils dem Gesöff wohl obliegen". Ein ständiges Studieren sei aber notwendig wegen der „einschleichenden vielen Secten, als Mennonisten, Wiedertäufer und David Georgisten". Schließlich sollte auch niemand getraut werden, „ehe sie die fundamenta Catecheseos verstehen und gelernet, zumal sie ihren Kindern hernach ein Exemplum Pietates werden sollen".

Die Verbindung zwischen Kirchengemeinden und Fürstenregiment kam schließlich in der Besetzung von Ämtern zum Ausdruck, etwa in der Personalunion zwischen Lehrern und Organisten-Kantoren oder der Kombination des Organisten mit dem Kirchspielschreiber. In der Meldorfer Gelehrtenschule, der einzigen Lateinschule Dithmarschens, kamen wie anderenorts die Lehrer aus dem geistlichen Stand. Auch in der Abkündigung neuer fürstlicher Verordnungen oder Gesetze von den Kanzeln kam diese Verquickung von Kirche und Fürstenherrschaft deutlich zum Ausdruck.

Beim Bau und in der Einrichtung der Kirchen allerdings machte sich diese Verbindung nur in zwei Ausnahmefällen unmittelbar bemerkbar, in Brunsbüttel und Wesselburen. In beiden Orten wurde ein Kirchenneubau notwendig, weil Katastrophen die alten zerstört hatten, ein großes Feuer 1736 die Kirche in Wesselburen, die Fluten der Elbe die alte Kirche von Brunsbüttel, deren Ersatzbau von 1679 vierzig Jahre danach völlig abbrannte. In beiden Fällen gelang es, den König bzw. den Herzog an seine Fürsorgeverpflichtungen zu erinnern und Baukostenzuschüsse zu bekommen. In beiden Fällen wurde den Fürsten ein eigener „Stuhl", eine Loge eingerichtet. In Wesselburen ist der „Blaue Stuhl" gegenüber der Kanzel dem Herzog als Landesherrn des nördlichen Dithmarschens gewidmet, in Brunsbüttel die Königsloge am Ende der Emporen dem Landesherrn in Kopenhagen. Beide Fürstensitze sind etwas höher angebracht als die Kanzel. Sie kennzeichnen damit die erhöhte Stellung des Fürsten gegenüber dem Pastor. Das ist charakteristisch für den barocken Fürstenstaat. Dennoch darf man die Einrichtung dieser Fürstenstühle wohl verstehen als Ausdruck der Dankbarkeit für die Hilfe und der Hoffnung auf einen gnädigen allerhöchsten Besuch. Der Herzog war in Wesselburen zur Einweihung zugegen. In Brunsbüttel ist der Stuhl allerdings nicht ganz freiwillig geschaffen worden. Der Landvogt mußte seine Einrichtung erst ernsthaft anmahnen.

Die praktische, alltägliche oder materielle Daseinsgestaltung, der Bau etwa, die Einrichtung, Pflege und der Betrieb der Kirche blieben in Dithmarschen (anders als anderswo) auch im absolutistischen Fürstenstaat Sache der örtlichen Organe, der Kirchspiele. Ihre

Organisationsformen überstanden den Regimewechsel von 1559 bzw. wurden in erneuerter Form wieder geschaffen. Sie bildeten die Basis, in der selbstverantwortlich gehandelt und teilgenommen wurde an den jetzt fürstenstaatlichen Aufgaben. Der Mann des Fürsten war ein Beamter, der Kirchspielsvogt, der allerdings laut Friedensvertrag von 1559 ein einheimischer Grundbesitzer sein mußte. Daran hat man sich bis ins 19. Jahrhundert gehalten. Er war auch bei den Selbstverwaltungsangelegenheiten eingeschaltet als Vorsitzender des Kirchspiel-Vorsteher-Kollegiums. Es hatte allerdings keine Autonomie wie die alten Kirchspielsräte der Republikzeit, deren Kompetenzen am Ende der Republikzeit allerdings von den 48ern beschnitten worden waren, wie es gerade an der Reformation deutlich wurde. Vogt und Vorsteher besaßen aber durch Rechtsprechung und Polizeigewalt weiterhin Anteil an der Aufrechterhaltung von öffentlicher Ordnung, waren in der Steuererhebung eingeschaltet, erhoben für die eigenen Bedürfnisse des Kirchspiels auch selber Steuern. Sie sorgten für gemeinsame Angelegenheiten ihrer Dorfschaften in Wasser-, Wege- und zum Teil auch Schul- und stets Kirchensachen. Auch haben sie einen wesentlichen Einfluß auf Wahl und Einsetzung der Pastoren erhalten können. Im nördlichen, Gottorfschen Teil behaupteten die Kirchspiele nach anfänglichen Unsicherheiten ihr Patronatsrecht lediglich mit der Einschränkung, daß zur Eignungsprüfung der Kandidaten der Superintendent (Propst) hinzugezogen werden solle.

Im straffer regierten königlichen Anteil Süderdithmarschen ging es auch jahrzehntelang hin und her, bis der Landesherr König Christian V. sich 1678 endgültig durchsetzte. Den Kirchspielen verblieb immerhin das Recht, aus drei Kandidaten, die von der Regierung vorgeschlagen wurden, einen zu wählen.

Über die Vereidigung der Pastoren konnte ich nichts ausmachen. Der persönliche Eid scheint in Dithmarschen nicht gefordert gewesen zu sein.

Unterschiede gab es auch bei der Einsetzung der Superintendenten. Im Norden durfte die Landschaft drei Vorschläge machen, von denen der Fürst einen annahm. Im Süden setzte der König nach seinem Gutdünken ein.

In beiden Dithmarschen wurde die Amtsführung der Pastoren regelmäßig durch Visitationen kontrolliert, bei denen mit dem Propsten auch Landvogt und Landschreiber (fürs Protokoll) kamen, womit die Einbindung in geistliche und weltliche Angelegenheiten zum Ausdruck kam.

Eine neue Kirche wird gebaut, Beispiel Brunsbüttel

In der Mitte des 17. Jahrhunderts zeigte sich, daß das alte Brunsbüttel gegen die nagende Kraft der Elbe nicht zu halten war. Die Brunsbüttler begannen, ihren Umzug vorzubereiten. Einer der ihren, der Bauer und Kirchspielsvogt Matthias Boie, wollte nicht mehr auf dem vom Wasser gefährdeten Friedhof beerdigt werden und überließ 1654 der Kirche ein Ackerstück für den Neubau von Friedhof und Kirche auf dem heutigen Standort. Nach diesem Mann ist das Matthias-Boie-Haus der Gemeinde in Brunsbüttel genannt, von ihm stammen zwei große „Beischläge" aus dem Jahre 1642, repräsentative Bankwangen und Pferdeanbindesteine aus Sandstein. Sie standen einst vor seinem Haus, stehen jetzt vor dem Dithmarscher Landesmuseum in Meldorf. Sie sind schon mit umgezogen vom alten ins neue Brunsbüttel wie auch Hausrat, Möbel und ganze Fachwerkhäuser. Der Umzug begann 1674 aus der unabweisbaren Erkenntnis, daß der Ort nicht zu halten sei. Die Brunsbüttler wichen also nicht einer einmaligen Katastrophe, sondern einem Prozeß, der durch die Lage des Ortes am Prallhang der Elbe verursacht worden war. Den Schlußpunkt bildete die Weihe der neuen Kirche im Jahre 1679.

Wilhelm Johnsen hat eingehende Nachforschungen über die Kirche angestellt und 1951 in „Das schöne Brunsbüttel" veröffentlicht. Wir erfahren von ihm viele aufschlußreiche Einzelheiten, die wir von anderen Kirchen meistens nicht kennen. So mögen die folgenden Auszüge beispielhaft verstanden werden. „Als man sich Gedanken darüber machte, wie die neue Kirche auszusehen hätte, schien es klar, daß man ‚modern' bauen müßte (wir nennen das heute ‚barock'); das mittelalterliche Gebäude konnte nicht wiederholt werden, die neue Kirche mußte geräumiger, breiter und heller sein. Man pflegte bei einem solchen Werk ein wenig Umschau zu halten und sich durch Vorbilder anregen zu lassen: auch war es nötig, Werkleute zu wählen und zu gewinnen. Es gab damals im näheren Umkreis Dithmarschens und Holsteins nur alte Kirchen; doch wußte man von der neuen Kirche in Oberndorf, drüben an der Oste, die vor ein paar Jahrzehnten (1653) erbaut worden war. Und so fuhren denn der Kirchspielsvogt Nikolaus Vieth, der auf dem Diekshörner Hof saß, die beiden Landesgevollmächtigten und ein Kirchenbaumeister (Kassenführer) hinüber, um dort die Kirche in Augenschein zu nehmen und wegen eines guten Zimmermeisters und ebensolchen Maurermeisters Erkundigungen zu tun; auch zwei Kirchenbaumeister waren vorher oder nachher in gleicher Absicht dort anwesend. In Oberndorf selber lebte ein Zimmermeister Jürgen Schmakels im Ansehen und in guten Verhältnissen mit Frau und fünf Kindern. Als Maurermeister schien sich den Herren ein gewisser Daniel Sommer zu empfehlen, der in der Stadt Stade, die 1659 durch einen großen Brand schwer gelitten hatte, ein günstiges Arbeitsfeld gefunden und dort 1667 das schöne Rathaus gebaut hatte. Er stammte, wie damals so manche Baumeister des niederdeutschen Gebietes, aus Obersachsen, war gebürtig aus Dresden, übrigens dem Bekenntnis nach Mennonit . . . Im Februar 1685 ist er zu Stadte gestorben." So schreibt Wilhelm Johnsen 1951.

Das Vorbild Oberndorf ist bezeichnend für die Bedeutung des Wassers. Die Elbe trennte nicht wie heute, sie war vielmehr der gemeinsame Hauptverkehrsweg in Quer- und Längsrichtung, z. B. nach dem großen Markt in Hamburg. Die Schiffer beider Ufer kannten sich, die Bewohner beider Ufer hörten voneinander, von ihren Schicksalen und Neubauvorhaben. „Wer sich die Kirche in Oberndorf einmal daraufhin ansieht, dem leuchtet ohne weiteres ein, daß sie in den Grundzügen der Brunsbüttler zum Muster gedient hat; diese übernahm wohl auch das dort vorhandene Holzgewölbe. In beiden Fällen handelt es sich um Ziegelbauten noch frühbarocker Form mit Neigung zur ‚Nachgotik' . . . Die Baustoffe der Alt-Brunsbüttler Kirche haben für den Neubau höchstens untergeordnete Verwendung gefunden; manches verkaufte man offenbar an die Einwohner, z. B. Dachpfannen. Die Ziegelsteine der Kirche sind jedenfalls einheitlich neu; für das Fundament benutzte man vermutlich Steine aus dem Abbruch, hat jedoch auch ‚große Steine' aus der Gegend von Oberndorf kommen lassen. Das Holz für den Turm kam aus Hamburg, sicherlich auch das Blei, das bemerkenswerterweise zu seiner Abdeckung verwendet wurde." So Johnsen S. 27/28.

Der neuen Kirche war kein großes Glück beschieden. Schon fünf Jahre später und dann in mehrjährigen Abständen gab es schwere Sturmfluten, gab es Deichbrüche und Einbußen. Der Nordische Krieg machte sich bemerkbar, von 1717–21 gab es eine Kette von Jahrhundertsturmfluten. Es schien, als hätten die Katastrophen ihr Maß und Ende verloren. Am Sonntag, den 12. November 1719, brach ein schwerer Gewittersturm herein. Im Ort ließen sich einige Wege nur mit Kähnen befahren. Dennoch versammelte sich die Gemeinde zum Gottesdienst. Ein Blitz schlug in den Turm. „Und obschon die

Brunsbüttel, ca. 1910

Leute in der Kirche nichts Gewisses davon wußten, eilten sie doch alle aus Furcht und Schrecken des ganz entsetzlichen Donnerschlages mit großer Geschwindigkeit, wie es in solchen Fällen zu geschehen pfleget, aus der Kirche, um zu sehen, ob auch derselbe eingeschlagen und Schaden verursachen würde. Da wurden sie gewahr, daß oben aus dem Turm ein kleiner Dampf oder Rauch kam, welches Angezündete so zunimmt, daß nicht allein der Turm, sondern auch die nahe daranstehende schöne Kirche mit allem, was darin, in Sonderheit das feine und schönklingende Orgelwerk, verbrannt wurde, daß nichts davon übbrigblieb als die bloßen Mauern", so heißt es bei Johnsen, der einen nicht näher benannten, offenbar zeitgenössischen Bericht auf Seite 33/34 zitiert. „Über die ersteren und wichtigsten Arbeiten berichtet eine neue Bauinschrift, die sich bezeichnenderweise auf eine im Chor hinter dem Altar angebrachte Holztafel beschränkt. Danach ist die Kirche „1723 wieder zu bauen angefangen und soweit imstande gebracht, daß sie den 21. Mai 1724 eingeweihet und die erste Predigt darin gehalten worden. . . ." Das Wichtigste hatte ohne Zweifel der Zimmermann zu leisten. Dieser war Hans Peter Töpfer in Itzehoe, ein junger Zimmermeister, der 1722 geheiratet hatte . . ." so Johnsen Seite 36 und 38: „Auch der Maurermeister Christian Volkert war wohl Fremder, anscheinend aber nicht in Itzehoe ansässig . . . Er vermauerte die von Töpfer besorgten 3000 Ziegelsteine aus der Kloster-Ziegelhütte, keine große Menge, was schon auf bloße Ausbesserung schließen läßt.

Dorther kam auch eine Menge Dachpfannen, die Volkert aufzulegen hatte, und 300 ‚Fensterpfosten', also Formsteine für gotisierende Fensterstreben . . . ‚Segeberger Kalk' wurde nach Itzehoe ans Schiff geliefert, Muschelkalk in erheblicher Menge von Schiffern erhandelt. Für die Erneuerung des Bodenbelags der Kirche bezog man aus Hamburg einige Hundert ‚geschliffene Bremer Fliesen' . . ., also die beliebten rötlichen Sandsteinplatten, die hierzulande auch in Bauern- und Bürgerhäusern verwendet wurden . . . Ende August 1726 ward man sich mit Meister Johann Frisch aus Hamburg einig über die Bekleidung und Deckung des Turms. Man gewährte ihm und seinem ‚Volk' freie Reise und Herberge, bezahlte die Arbeit nach gewissen Sätzen und trug alle Kosten für Werkstoffe und Zubehör, als Rollblei, Bleinägel, Kupferhaken, Zinn und reichlich 15 000 ‚Späne'. Der ‚Wetterboden' (= die offene Laterne) ward mit Blei umkleidet, der Helm mit Spänen (= Buchenschindeln) gedeckt. Diese kamen aus Hademarschen, wurden in Brunsbüttel durch Einheimische ‚zurechtgemacht' und durch den Küster und Zimmermeister Johann Jäger in der Pastorei ‚gekocht'. Ende September war die Arbeit getan, und am 16. Sonntage nach Trinitatis 1726 konnte Pastor Piper auch die ‚neue Turmspitze' einweihen.

Die hier dargestellte . . . Baugeschichte der Brunsbüttler Kirche läßt erkennen, wie das Bauwerk in den wesentlichen Zügen seiner heutigen Erscheinung zustandegekommen und welchen formgebenden Kräften es zu verdanken ist. Der gemauerte Baukörper ist das Werk des Ratsbaumeisters Daniel Sommer in Stade, und er wird im Falle Brunsbüttel auch den Gesamtriß geliefert haben; Christian Volkert hat nur instandgesetzt und kaum verändert. Die Arbeit des Oberndorfer Zimmermeisters Jürgen Schmakels ist vergangen; für ihn ist Hans Peter Töpfer in Itzehoe eingetreten, der ihn an selbständiger gestalterischer Fähigkeit vermutlich übertraf. Er hat das neue Dach mit der kräftig gliedernden Holzkehle und dem die Weiträumigkeit des Kircheninnern betonenden hohen Holzgewölbe gezimmert und dem Ganzen durch seinen Turm die Bekrönung gegeben . . ." (Johnsen S. 38/39).

Barock auf dem Lande

Der Neubau der Brunsbüttler Kirche ist bezeichnend für das Schicksal des Ortes. Er läßt aber auch charakteristische Züge für den Kirchenbau auf dem Lande im Barockzeitalter erkennen.

Von grundsätzlicher Bedeutung scheint mir die Planung und Durchführung des Baues allein unter Leitung der führenden örtlichen Männer des Kirchspiels, des Kirchspielsvogtes, der Kirchenbaumeister (Kassenführer) und anderer Kirchspielsvorsteher, Bauern in der Regel. So ähnlich wie es in Brunsbüttel ablief, dürfen wir es uns auch bei den anderen Neubauten vorstellen, in Neuenkirchen, Wesselburen, Eddelak, Windbergen, Schlichting, Wöhrden. Und so ähnlich dürfte es auch in früheren Jahrhunderten gewesen sein.

Die prominenten Männer des Kirchspiels suchten sich ihre oder ihren Baumeister, einen Maurer- oder/und Zimmermann. Handwerker waren gefragt, die zugleich baugestalterisch tätig waren, also das mitlieferten, was heute Architekten oder Techniker dazugeben. Sie gab es damals nicht, ebensowenig wie statische Überprüfungen oder behördliche, bautechnische Genehmigungsverfahren.

Bei den Neubauten der Barockzeit überwog Traditionelles. Das ist sicherlich charakteristisch für die Denkweise der führenden Kirchspielsvertreter, die alle auch Grundbesitzer und Landwirte waren, von Hause aus unerprobten Experimenten abgeneigt. Die bewährten Verfahren genossen bei ihnen und auch bei den meisten Handwerkern den Vorzug. So war es ja auch bei den mittelalterlichen Bauten gewesen. Der bewährte Typ, die kastenförmige Saalkirche mit eingezogenem Chor in Feldsteinen, war jahrhundertelang gebaut worden. Nur schrittweise wurde der Backstein aufgenommen, und erst im 15. Jahrhundert setzte sich in Dithmarschen ein neuer, spätgotischer Typ durch, wie ihn zum Beispiel Büsum und Heide besitzen. Es war jener Typ, für den die Brunsbüttler sich noch in der zweiten Hälfte des 17. Jahrhunderts, im Zeitalter des Hochbarocks, entschieden: Saalbau mit mehrseitigem Ostabschluß und einfachem Satteldach.

Auch in der Inneneinrichtung hielten sie sich an die damals gängigen Muster, mit der Ausrichtung der frontal aufgestellten Bankreihen auf den in der Mitte des Ostteiles aufgestellten Altar und die flankierende Kanzel. Dazu kam in der Regel eine einfache Rechteckempore an der Nord- und Westseite. Allein die Decke war in Brunsbüttel modern. Es war keine einfache Balkendecke, sondern ein mit Brettern verschaltes Tonnengewölbe. Barock wurde die Einrichtung nur in den Einzelformen, im Altar, einem bemerkenswerten, aus dem Abbruch der Schloßkirche in Glückstadt gekauften Aufsatz im sogenannten Knorpelstil der Mitte des 17. Jahrhunderts. Er täuscht kein Architekturgerüst vor, sondern besteht aus einer großen Bildertafel mit bewegten Rändern. Auch die Apostel der ganz traditionellen Kanzel sind gemäßigt barockbewegt – sonst bleibt wenig Barockes, außer der früher genannten Fürstenloge.

Auf ähnliche Verhältnisse stößt man in Neuenkirchen. Der Grundriß des Baues entspricht dem in Brunsbüttel, stammt aber aus gotischer Zeit. Das Mauerwerk des Schiffes dürfte noch in der Anfangszeit der Kirche im 14. Jahrhundert erbaut worden sein. Der mehrseitig endende Chor ist vermutlich neuer (15. Jahrhundert?), beides also gotisch. Den Dachreiter und das heutige Dach setzte Johann Georg Schott nach einem Brand 1730 auf. Er hat vermutlich auch bei der Inneneinrichtung mitgewirkt. Der zeitliche Abstand zu Brunsbüttels Neueinrichtung der 1720er Jahre ist gering, beträgt nur wenige Jahre. Dennoch sieht die künstlerische Welt in Neuenkirchen anders aus. Taufe, Taufgitter (1710), die großen Pastorenstühle im Chor (1730) scheinen überwuchert von Blattwerk (Akanthus) zu sein. Der Altar, den der Wesselburener Johann Anton Burmeister schnitzte, entspricht im Unterschied zu Brunsbüttel einem typischen Bild vom Barock, ein säulengetragenes Architekturwerk mit freiplastischer Kreuzigungsgruppe im Mittelfeld. Dahinter steht als Vorbild, wie in Wesselburen, der im 2. Weltkrieg zerstörte Altar der Lübecker Marienkirche.

Im Unterschied zu diesen beiden Kirchen, bei denen das Barocke sich fast nur im Stil der Einrichtungsstücke darstellt, ist in Wesselburen 1737/38 das Schiff selber, innen und außen, in einer Weise barock ausgestaltet worden, die etwas Neues in die Landschaft brachte. Und das geschah, obgleich das Außenmauerwerk im wesentlichen aus romanischer und gotischer Zeit, 12./15. Jahrhundert, erhalten geblieben ist. Es war bei einem Brand 1736 als einziges stehengeblieben und ist von dem Baumeister Johann Georg Schott, einem in Heide lebenden Zimmermeister aus Württemberg, in kühner und genialer Weise zu einem Barockbau benutzt und verwandelt worden. Schott zog außen den Chor und den alten, frei vor der Westwand stehenden Rundturm mit unter das riesige, an Haubargen orientierte Dach. Es bekam durch diesen Kunstgriff eine bestechende Symmetrie in Länge und Querrichtung. Auf den Mittelpunkt setzte Schott einen gar nicht so kleinen Dachreiter mit einer Zwiebel, die an die Heimat des Baumeisters erinnert.

Der Reiter und das Dach suggerieren einen Zentralbau, der im Inneren wiederkehrt. Unter dem Dachreiter wölbt sich eine steile, verbretterte Mulde mit schrägablaufenden Enden auf, ein sog. Muldengewölbe. Von beiden Seiten her stoßen die niedrigeren Tonnengewölbe vom Chor und von der Westempore in sie hinein. Das hohe Gewölbe ließ dem Zimmermann nur wenig Raum für die tragenden Konstruktionen seines allen Winden, vor allem auch den Seewinden schutzlos ausgelieferten Daches mit seinem Reiter.

Die Weite des Innenraumes wird erhalten und betont durch nur schmale Emporen an den Längsseiten und durch seine Symmetrie. In der Ost-West-Richtung ist sie allerdings nur vorgetäuscht durch einen dem Chor entsprechenden Einschnitt über der breiten Westempore. Ihre Fassade erinnert an das Heck eines barocken Prachtschiffes. Dahinter liegen Prominentenstühle und darüber die Orgel. Das Tonnengewölbe über ihnen geht aber nicht in die Tiefe hinein wie auf der Chorseite. Die alte Westwand stoppte es. Der Innenraum des Turmes konnte nicht einbezogen werden, da er ja frei vor der westlichen Giebelwand steht.

In diesem auf Zentralität angelegten Raum sind dann allerdings die Bänke traditionell in Ostrichtung aufgereiht und wie in jeder alten Kirche auf Altar und flankierende Kanzel orientiert. Der Altar ist, wie oben gesagt, ein Nachbau des Lübecker Marienkirchenaltars, die Kanzel mit Aposteln in der Bekleidung und Moses als Trägerfigur von dem eingesessenen Schnitzer Johann Anton Burmeister. Er lieferte eine brave handwerkliche Arbeit ohne einen Hauch von künstlerischer Genialität.

Ohne Wesselburens Kirche würden wir uns von ihrem Baumeister Schott ein anderes Bild machen. Wir kennen nur einige Türme von ihm (Neuenkirchen, Heide, Hennstedt), einzelne Bürgerhäuser (Pastorat Heide, Kirchspielsschreiberei Wesselburen u. a.) – und die Kirche in Eddelak. Er baute sie zwei Jahre nach Wesselburen neu, 1740, ohne eine große Geste. Dennoch fand er bemerkenswerte und neue Lösungen.

Dem Dach von Eddelak gab Schott nach Osten einen Walm, nach Westen aber einen Giebel. Er steht steil vor einem älteren, freistehenden Holzturm, dem Schott eine steile, schlanke Haube aufsetzte, so daß eine ähnliche Wirkung entstand, wie sie später Sonnin in Wilster (1775) und Dose in Rellingen (1754/56) erzielten.

Auch im Inneren gab Schott dem einfachen, rechteckigen Bau im Westen und Osten Emporen mit zwar bescheidenem, aber zeitgemäßen hufeisenförmigen Schwung. Die Ostempore schließt beidseits an das Hauptstück der Einrichtung an, eine für Dithmarschen und die Dorfkirchen Schleswig-Holsteins hier zuerst auftauchende Neuheit: den Kanzelaltar. Der Wesselburener J. A. Burmeister, auf den wir mehrfach in Zusammenarbeit mit Schott stoßen, hat ihn gearbeitet – ein Beweis, wie auch ein wenig genialer, aber biederer Künstler wie Burmeister Neuigkeiten gegenüber offenbleiben konnte. Er faßte zwei der drei (außer Taufe) Grundelemente der Kirchenausstattung zusammen. Die Kanzel wurde direkt über dem Altartisch montiert, unsichtbar von hinten, wie ein Stückchen Bühne zu betreten.

Diese Kombination von Altar und Kanzel ist zuerst für hessische Schloßkapellen (Rothenburg, Schmalkalden) entwickelt worden und fand seit Beginn des 18. Jahrhunderts zunehmend Aufnahme vor allem bei Neubauten oder Neueinrichtungen von Kirchen. Die ersten Kanzelaltäre in Schleswig-Holstein sind in den Schloßkirchen von Ahrensburg (1716) und Glücksburg (1717) aufgestellt worden, also auch hier in adligen oder fürstlichen Häusern. Das gilt auch für die zwei nachfolgenden, selbst wenn sie in Dorfkirchen stehen. 1722 ließ der Lübecker Domdechant aus der dortigen Ratsfamilie der von Wickedes in Hamberge vor Lübeck einen Kanzelaltar errichten, in dem sich seine Büste als Stifterfigur findet. Und 1735 bekam Krusendorf (Dänischer Wohld), Sitz der Brockdorfs, eine solche Einrichtung.

Und danach folgt Schotts Kanzelaltar in Eddelak, einer Bauernkirche, in deren Sprengel es weder Fürst noch Adel oder Ratsherren gab. Offensichtlich aber war Schott auf dem laufenden und kannte diese neuzeitlichen Lösungen.

Die Kanzelaltäre erscheinen wie die Konsequenz der lutherischen Kirche, in der Predigt und Gebet den unveräußerlichen Kern bilden. Dennoch bedurfte es neuer Ideen, um die sich vor allem gegen Mitte des 18. Jahrhunderts ausbreitenden neuen Kircheneinrichtungen, von denen Eddelak ein Vorreiter wurde, Wirklichkeit werden zu lassen. Es waren nämlich Einrichtungen, in denen der Kanzelaltar im Zentrum aller Blicke lag, meistens ohne für sinngebende, den Kirchenraum dominierende Bilddarstellungen genutzt zu werden – wie die alten Altäre. Auch blieb in der Regel der übrige Kirchenraum ganz oder fast ganz bilderlos. Die reine Predigtkirche wurde Wirklichkeit. Allein das Wort und die Musik zählen – wie noch heute. Die Bilderlosigkeit und die Konzentration auf das Wort dürften dem Einfluß des Pietismus zuzurechnen sein, des von der Kirche aufgenommenen Pietismus im 18. Jahrhundert. Er strebte nach Verinnerlichung, nach Aufnahme der Bibel in die eigene Gefühls- und Gedankenwelt. Äußere Darstellungen sollten nicht zu Veräußerlichungen verlocken. – Es mögen auch aufklärerische Gedanken der Vernunftreligion eingeflossen sein, nach denen die mit allgemeiner menschlicher Erfahrung zu vereinbarenden Auslegungen der Bibel wichtiger wurden als die Offenbarung, die, so der Glaube, in der Bibel aufgeschrieben war. Also durfte konsequenterweise die Kanzel als Ort der Auslegung ruhig über dem Altar als Platz der Bibel stehen.

Nur zwei Jahre nach Eddelak ist die kleine Kirche in Windbergen bei Meldorf neu gebaut und eingerichtet worden. Wie in Eddelak war die ältere Kirche baufällig. Nach der Chronik des Landes Dithmarschen von Hansen und Wolf (1833) lag die Arbeit in Händen des Zimmermannes Horn aus Busenwurth, einem beinahe benachbarten Dorf in der Marsch südlich von Meldorf. Die Schlichtheit und Konservativität des Äußeren verraten keine großen Ansprüche – und doch findet sich das Innere mit einem Tonnengewölbe überdeckt und einem Kanzelaltar ausgestattet! Er wirkt allerdings seltsam aufgetürmt und entpuppt sich bei genauerem Hinsehen als Montage aus älteren Teilen. Die Hauptstücke stammen aus dem 17. Jahrhundert, das Abendmahlrelief in der Mitte mit den seitlichen Anschwüngen im Knorpelstil aus der Mitte und der Kanzelkorb mit Beschlagwerksornamenten nebst Schalldeckel aus dem Anfang des 17. Jahrhunderts. Sie dürften 1742 zusammenmontiert worden sein, um der Kirche einen modernen Anstrich zu geben. Es war Barock auf dem Dorf.

Das für uns wichtigste Stück der Ausstattung, das winzige Heilige Kreuz mit dem Corpus aus der Zeit vor 1100 bleibt dagegen fast unsichtbar.

An Schlichtheit mag Windbergen allenfalls mit Schlichting zu vergleichen sein. An dem kleinfenstrigen einfachen Saalbau wäre nichts Barockes erkennbar, hätte nicht wenigstens der Chor ein korbbogiges Tonnengewölbe, das wie der ganze Bau wohl aus dem 17. Jahrhundert stammt. Unter dem Chorgewölbe steht auch ein barocker Altar von etwa 1720/30, montiert auch er aus einem spätgotischen Christuskörper, der auf einem neueren Bretterkreuz vor eine gemalte Golgatalandschaft gestellt worden ist. Im Sockel wie üblich das Abendmahl, als Bekrönung der Auferstandene, ganz nach Programm. Die Taufe in Form einer geschnitzten Fontäne (Quelle!) von 1727 und die auf einer hockenden Mosesfigur stehende Kanzel von 1728 mögen zur Rechtfertigung beitragen, Schlichting unter den Barockkirchen zu nennen.

Wie anders als in dem Geestdorf Windbergen und bei den Moorbauern von Schlichting stellt sich der späte Barockstil in dem großen Wurtdorf Wöhrden in der Nordermarsch dar. Es erhielt am Ende des Barock, 1788, eine neue Kirche. Von ihrem Neubau lieferte

Wöhrden, Inneres der Kirche, Kanzelaltar, ca. 1918

Joh. Wilh. Thomsen in Heft 1/92 der Zeitschrift „Dithmarschen" einen ähnlich aufschlußreichen Bericht wie Johnsen über Brunsbüttel. Auch in Wöhrden war ein wegen seiner Größe und Pracht einst sehr gerühmter Vorgängerbau nicht mehr zu halten. Der Neubau wirkt gegenüber den beiden genannten kleineren Kirchen Windbergen und Schlichting wie die Arbeit eines professionellen Baumeisters, der sich auf Kirchenbau verstand. Das Ganze ist aus einem Guß. Außen besitzt das schlichte, aber doch in Kleinigkeiten ausgezierte hohe Mauerwerk schmale, doppelt hohe Fenster, wie sie üblich waren. Innen entfaltet sich keine barocke Pracht, vielmehr eine auf Zweckmäßigkeit angelegte, aber einheitliche Ausstattung. Alles ist auf das dominierende, sehr groß bemessene Ausstattungsbauwerk des Kanzelaltars ausgerichtet. Nur der Taufengel, der mit der Taufschale vom Himmel zu schweben scheint, bringt einen Hauch von spielerischer Phantasie. Seine theologische Legitimation dürfte schon damals fragwürdig gewesen sein, sein dekorativer Reiz findet mehr Beifall.

Das Fehlen von Zierat und Beschwingtheit des Rokoko, dessen Stilformen damals beliebt waren, mag einmal an dem späten Datum liegen, an dem sich schon mehr klassizistische Vorstellungen breit machten. Zum anderen aber dürfte der Hauptgrund an der Verbindung einer auf Zweckmäßigkeit ausgerichteten Denkweise der Marschbauern mit ihren gottesdienstlichen Erfahrungen liegen. Zweck und Ziel dürften gewesen sein, einen modernen, ansehnlichen Predigtsaal zu schaffen. Sie fanden in dem Baumeister A. Rothe einen geeigneten Mann, der dem Raum auch einen Hauch von Festlichkeit verlieh.

Rothe und Johann Georg Schott, die Erbauer von Wesselburen, Eddelak und Wöhrden, sind die beiden Männer, die eine an der großen Baukunst orientierte barocke Kirchenarchitektur nach Dithmarschen gebracht haben. Ihnen gegenüber bleiben die anderen Barockkirchen im lokalen Rahmen. Über Dithmarschen hinaus allerdings besitzt trotz der Pioniertat des Kanzelaltars in Eddelak allein Wesselburen eine Bedeutung in der Barockbaukunst Schleswig-Holsteins – wie Meldorf für die Baukunst der Gotik.

Unberührt davon bleiben die vielen Taufen, Altäre, Kanzeln, Orgeln, Gestühle, die Einrichtungsstücke also, in denen sich in Dithmarschens Kirchen Barockes in vielerlei Spielarten und oft recht phantasievoll findet. Die Altäre etwa in St. Annen, Heide, Brunsbüttel und anderswo können wahrlich nicht nüchtern genannt werden. Sie sind geistvoll verspielt in St. Annen, prunkvoll repräsentativ in Heide und originell, „aus dem Rahmen fallend“ in Brunsbüttel. Sie mögen als charakterisierende Beispiele herausgegriffen sein, nicht als die einzigen bemerkenswerten Werke. In den Einrichtungen der Kirchen hat Barockes in Dithmaschen sehr wohl eine Heimat.

Neubau in einer veränderten Welt: Kronprinzenkoog

Der Neubau der Wöhrdener Kirche war der letzte in einer Epoche, die wir noch zur alten Zeit rechnen können. Die Kirchspielsvertreter hatten alle Fäden in der Hand gehabt. Sie handelten autonom innerhalb ihrer den Neubau der Kirche einschließenden Kompetenzen. Sie erneuerten sozusagen die alten Schläuche, den Bau nämlich, auch wenn seit der Reformation der Wein, der Geist dem Ganzen von oben, vom Fürsten, der zugleich oberster Bischof war, eingegeben wurde, per Kirchenordnungen, per Gesetz, per Kontrolle – Visitationen – durch Landvogt und Propst sowie der Vorentscheidung, welcher der Pastorenkandidaten vom Kirchspiel gewählt werden könnte.

Im „Geist" war es eine fürstenstaatliche Kirche. Im materiellen Geschöpf selbständiger lokaler Mitregierungen in Gestalt der Kirchspielsvorsteher. Die neue Position der Fürsten und das obrigkeitliche Denken waren europaweit mit der Übernahme des Römischen Rechtes vor allem im 16. und 17. Jahrhundert gekommen, wesentlich gestärkt durch die Reformation. Die weitgehende Mitregierung der Dithmarscher Kirchspiele und Landschaftsvertretungen, hinter der u. a. auch wesentliche Finanz-Hoheiten standen, war ein Erbe der Bauernrepublik.

Während der Jahrhunderte der Fürstenmacht – der Renaissance und des Barock – und ihrer staatlich gelenkten Kirche sind außer St. Michaelisdonn keine weiteren Kirchen durch Neugründungen dazugekommen. Es gab allenfalls Kirchenerweiterungen durch Anbau von Südschiffen oder Neubauten, wie zuletzt 1788 in Wöhrden.

Ein Jahrhundert dauerte es, bis wieder eine Kirche gebaut, vor allem aber neu gegründet worden ist: in Kronprinzenkoog die Kirche für die Vereinigten Köge, 1883. Als sie in Angriff genommen wurde, hatte die Welt sich gegenüber dem letzten Neubau in Wöhrden verändert, auch in Dithmarschen, und zwar in jeder Beziehung.

Kronprinzenkoog hatte verwaltungsmäßig zu keinem Kirchspiel gehört, besaß vielmehr seine eigenen Koogsvorsteher. Ihre Kompetenzen wurden wie in den Kirchspielsvertretungen nach der Übernahme des Landes durch Preußen 1867 aufgeteilt. Verwaltung, Justiz, kirchliche Angelegenheiten, für die die Kirchspiels- respektive

Kronprinzenkoog, ca. 1914

Koogsvorsteher bis dahin zuständig gewesen waren, wurden getrennt. Die dithmarsischen Kirchen wurden zum ersten Mal in ihrer Geschichte verselbständigt, und zwar auf allen Ebenen vom Dorf bis zur Provinzverwaltung. Sie bekamen neue, rein kirchliche Vertretungs- und Verwaltungsorgane. Die Gemeinden, die bisher von den allzuständigen Vorstehern geleitet worden waren, teilten sich also auf in weltliche Kommunen und kirchliche Gemeinden. Letztere mußten sich eigene, rein kirchliche Vertretungen schaffen. Sie sollten durch Synodale in den Propsteien (Landschaften) und in einer Gesamtsynode der neu konstituierten evangelisch-lutherischen Landeskirche in Schleswig-Holstein vertreten werden.

Damit befand sich die Kirche in einer völlig neuen Situation. Auf die rein kirchliche Gemeinde kamen neue Aufgaben zu, die zu ihrer Bewältigung Jahre brauchten. Das Dasein der alten „Staatskirche", der engen Verflechtung von Verwaltung, Justiz und Kirche auch auf unterster Kirchspielsebene, ging damit zu Ende. Auch das Glaubensmonopol, bisher allenfalls durch Ausnahme-Privilegien durchkreuzt, entfiel. In Preußen und ab 1. 10. 1867 auch in Schleswig-Holstein und Dithmarschen galt Glaubensfreiheit. Religiöse Bekenntnisse und Glaubensübungen wurden zur Privatsache – ein Faktum, das sich in seiner Tragweite erst allmählich bemerkbar machte. Dennoch wurde die Kirche nicht aus der Fürstenherrschaft entlassen. Auch der neue Monarch, der preußische König, verstand sich als oberster Kirchenherr (summus episcopus), der über ein Ministerium für geistliche Angelegenheiten in Berlin die Richtung der evangelisch-lutherischen Kirche angab und Kontrolle übte. Die praktische Arbeit der Neuorganisation oblag in Schleswig-Holstein im wesentlichen einem nach Kiel berufenen evangelisch-lutherischen Consistorium.

Was hatte das alles für den Neubau in Kronprinzenkoog zu bedeuten? Theoretisch schien es ganz gut auszuzusehen. Schon bei der Eindeichung des Kronprinzenkoogs war 1785/87 eine Kirchenparzelle ausgewiesen worden, auf der auch ein Friedhof eingerichtet worden ist. Auch war eine selbständige Kommune gebildet worden. Sie ist 1856, nach Eindeichung des Friedrichskoogs, zu den Vereinigten Kögen erweitert worden. Zu ihnen ist knapp 20 Jahre später der 1872/73 eingedeichte Kaiser-Wilhelm-Koog geschlagen worden.

Inzwischen aber hatte Preußen die Staatsgewalt übernommen. Als Folge der Reformen kamen nun der Amtsgerichtsbezirk Marne und zwei Gemeinden, der weltliche Verwaltungsbezirk der Vereinigten Köge und die Kirchengemeinde der Vereinigten Köge. Sie wurde zunächst weiterhin von den Pastoren in Marne und Barlt mit betreut.

Mit dem Bau einer neuen Kirche sollte eine völlig selbständige Kirchengemeinde mit eigenen Pastoren gebildet werden. Um ihren Mittelpunkt, d. h. den Standort der Kirche entspann sich zuvor ein Streit zwischen den Kögen, vor allem dem Kronprinzen- und dem Friedrichskoog, die beide wegen der Weitläufigkeit ihrer Siedlungen fürchten mußten, zu mühselige und lange Wege zur Kirche zu bekommen. – Die 1884 eröffnete Koogsbahn diente bis 1898 nur dem Güterverkehr. – Entschieden wurde die Auseinandersetzung im Jahre 1879 – und zwar von Berlin aus, vom Ministerium für geistliche Angelegenheiten! Die Kirche sollte am vorgesehenen, durch den Friedhof bereits vorbereiteten Platz im Kronprinzenkoog stehen.

Diese Entscheidung von weither gehört zu den charakteristischen Neuheiten der preußischen Zeit. Ihr folgte ein zweiter, ganz neuartiger Schritt. Für den Neubau wurde, ebenfalls von Berlin oder Kiel aus, ein Architektenwettbewerb ausgeschrieben. 43 Architekten aus dem ganzen Reich sandten Entwürfe ein. Das wäre 100 Jahre früher, in Wöhrden etwa, unvorstellbar gewesen. Einmal wegen der alten Struktur der Kirchspiele, vor allem aber wegen der Lebensbedingungen, die sich in dem Jahrhundert seitdem völlig verändert hatten. Es gab 1880 alle die Dinge, von denen 100 Jahre früher noch niemand etwas wußte, nämlich einen Berufsstand freier Architekten, Eisenbahnen, die für die Beweglichkeit durch das ganze Reich sorgten, es gab immer mehr Zeitungen und Fachpublikationen, die Informationen überallhin verbreiteten. Mit einem Schlagwort zu sagen: die Industriezeit mit ihren tiefgreifenden Veränderungen war voll am Laufen.

Es war also auch kein Wunder, daß der erwählte Architekt Vollmer aus Berlin kam. Entsprechend sieht die Kirche aus. Es entstand ein Bau, der aus romanischen und gotischen Stilelementen entwickelt worden war. Er trägt die Handschrift eines professionellen, studierten Mannes, der sich wie seine Berufskollegen an den großen Stilen orientierte und prinzipiell im ganzen Reich bauen konnte. Die Kirche von Kronprinzenkoog hätte genausogut in Ostpreußen oder Bayern stehen können.

Welch ein Abstand besteht etwa zu Windbergen (1742) oder den Originalkirchen der romanisch-gotischen Zeit, Lunden etwa, Weddingstedt, Burg oder Heide, um nur willkürlich gewählte Beispiele zu nennen.

Am 15. November 1883 wurde die Kirche eingeweiht. In der Heider Zeitung vom 17. November 1883 heißt es dazu: „Herr Architekt Vollmer – Lichterfelde überreichte den Kirchenschlüssel mit passenden Worten an den Präsidenten des Consistoriums, Herrn Dr. Momsen, der denselben an Herrn Pastor Paulsen – Marne übergab.“ Eigentlicher Bauherr war also nicht die Gemeinde, sondern das Consistorium der Provinz Schleswig-Holstein in Kiel. Wie sehr die Einrichtung den damals geschätzten Stilrichtungen entsprach, ist daraus zu entnehmen, daß von dem neugotischen Altar und anderen Einrichtungsstücken in historisierendem Stil 90 Jahre später, als in den 1970er Jahren eine am Erstzustand orientierte Restaurierung durchgeführt wurde, nichts mehr aufzufinden war. Moderne Bilderstürmerei, die den historisierenden Stil der Jahrzehnte vor und um 1900 in Mißkredit gebracht hatte, hatte sie vernichtet.

Immerhin mögen diese Aktionen neben anderen Ereignissen auch in positivem Sinn als Zeichen verstanden werden, daß sich in der Gemeinde trotz der nicht sehr günstigen Lage und dem skeptischen Gründungskommentar des Marner Hauptpastors Paulsen einiges tat. Er hatte die Entscheidung für den Standort auf der Kronprinzenkooger Kirchenparzelle mit der Vision zu verhindern versucht, eine Kirche würde dort „nichts anderes sein als ein totes Gemäuer, als ein monumentaler Steinhaufen ohne wahren Nutzen . . .“. Die besondere Pointe war, daß derselbe Pastor Paulsen den Schlüssel bei der Einweihung entgegennahm, da es noch keinen eigenen Pastor im Koog gab.

Trotz aller neuen Bedingungen, unter denen die Kirche entstand, blieb sie in einem Punkt traditionell: sie stand allein, getrennt vom Pastorat, das ebenfalls neu gebaut wurde. Das war bei allen alten Kirchen so gewesen und blieb auch noch so beim Neubau der Kirche in Marne 1906. Ihr Baustil gehört noch in die gleiche Zeitepoche wie der von Kronprinzenkoog. Allerdings steht das Neuromanische stärker im Vordergrund, und auch sind deutliche Einflüsse des damals modernen Jugendstils erkennbar. Dazu gehören die Neigung zur Sparsamkeit der äußeren Ornamente etwa und die Ausmalungen im Chor. Auch ist der gesamte Raum freier gestaltet. Unverkennbar, wie auch hier ein professioneller Architekt wirkte, Voigt aus Kiel, der im Kreisgebiet auch andere Bauten hinterließ, den Altbau des Dithmarscher Landesmuseums von 1894 etwa und das ehemalige Kreishaus in Meldorf von 1899.

Die Anekdote berichtet, daß mit diesem historisierenden Bau die überragende mittelalterliche Kirche Dithmarschens, der Meldorfer Dom, ausgestochen werden sollte, wenigstens in der Höhe des Kirchturms – der in Meldorf allerdings auch 1869/72 in neugotischem Stil erneuert worden war. Der Turm in Marne soll extra gestreckt worden sein, um den Meldorfer zu überragen.

Nach den Erhebungen von Pastor Dr. Stein sind über Bürgermeister Plambeck beim Neubau der Kirche in Marne Motive städtebaulicher Selbstdarstellung eingeflossen, nachdem Marne 1891 Stadt geworden war. Wenige Jahre später ist neben der Kirche ein Rathaus entstanden, das in Stil und Größe auf eine Stadt von etwa 20 000 Einwohner zugeschnitten war. Bis nach dem 2. Weltkrieg bewohnte der Bürgermeister der kleinen Stadt, die auch heute nur reichlich 5000 Einwohner zählt, eine Siebenzimmerwohnung mit Ausblicken weit über die Dächer seiner Stadt.

Der oberste Kriegsherr und seine Kirche: Brunsbüttelkoog

Kronprinzenkoog war eine neue Gründung, die dem durch Eindeichung an Fläche und Bewohnern gewachsenen Südteil Dithmarschens Rechnung trug. Brunsbüttelkoog folgte 30 Jahre später für einen neuen Ort, die erste Industriesiedlung Dithmarschens. Sie wurde durch den Bau des Nord-Ostsee-Kanals (1887/95) und den damit verbundenen Träumen einer von Schiffahrt und Industrie lebenden Großstadt im Grünen mit 100 000 Einwohnern ins Leben gerufen. Die Kirchengründung hinkte der Fertigstellung des Kanals ein Jahrzehnt nach, so daß ihre Dimensionen weniger den Träumen als der Wirklichkeit entsprachen. Dennoch wurde sie ganz hoch angesiedelt. Der Kaiser „selbst" kümmerte sich darum, war zumindest am Ort, um sich die Pläne zeigen zu lassen, und schenkte dann auch ein Bild. Es verrät besser als alles andere, unter welchen Zeichen Kirchen- und Kanalbau standen. Ein Matrose, dessen Kriegsschiff im Meer versinkt, wird von einem Engel aus dem Wasser gezogen. Die Himmlischen stehen also im Dienst der Kaiserlichen Marine. Das Bild hängt heute in der eigens dafür gebauten Nische der Friedhofskapelle von Brunsbüttel(koog). Eine Sehenswürdigkeit. Und ein Dokument für Gesinnung im Kaiserreich, für die Einstellung des höchsten Kriegsherren, der ja zugleich immer noch als Erbe der reformatorischen Tradition höchster Kirchenherr war. In seiner Anteilnahme für den Kirchenbau in Brunsbüttel war er also in beiden Funktionen gegenwärtig. Das beinhaltete etwas, was es so in der vorpreußischen Zeit nicht gegeben hatte. Damals waren die Kirchspiele Dithmarschens in ihrer Kombination geistlicher und weltlicher Zuständigkeiten selbständige Bauherren gewesen. Jetzt waren die Kirchspiele auf ihre rein kirchlichen Angelegenheiten beschränkt und hingen am langen Verwaltungsarm des Consistoriums in Kiel und darüber das Ministerium für geistliche Angelegenheiten in Berlin. Das Konsistorium in Kiel hatte schon im Jahre 1900 entschieden, daß der zweite Prediger vom alten Kirchdorf Brunsbüttel dort nur noch jeden vierten Sonntag, an den anderen Sonntagen „zweimal in der Kanalbaracke und einmal abwechselnd in den beiden Schulen von Brunsbüttelkoog und Ostermoor" predigen solle (Kleine-Weischede).

Das Konsistorium in Kiel und die Regierung in Berlin hatten dann auch mit einer gemeinsamen Urkunde im November 1908 u. a. entschieden:

1. „Die Landgemeinde Brunsbüttelkoog, soweit sie der Kirchengemeinde Brunsbüttel gehört, und die Bauerschaft Ostermoor, Kreis Süderdithmarschen, werden aus der Kirchengemeinde Brunsbüttel ausgepfarrt und zu einer selbständigen Kirchengemeinde Brunsbüttelkoog vereinigt."
2. „Die zweite Pfarrstelle der Kirchengemeinde Brunsbüttel geht auf die Kirchengemeinde Brunsbüttelkoog als Pfarrstelle über."

Die Einwirkungen von Kiel und Berlin aus waren also einschneidender als vorher von Kopenhagen – was auch in der allerhöchsten Teilnahme am Kirchenbau zum Ausdruck kam.

Doch auch der Bau selber kennzeichnet die veränderte Situation der Kirche in der Öffentlichkeit. Das kommt in dem dreigeteilten Baukörper zum Ausdruck. Er besteht aus Pastorat, Konfirmations-Gemeindesaal und Kirche. Zum ersten Mal in Dithmarschen ist ein besonderer Saal für gemeindliche Zwecke als eigener Baukörper neben dem Pastorat mitgebaut worden. Wie wesentlich das war, ist daran zu erkennen, daß diese Lösung seit Brunsbüttel(koog) die Regel beim Bau neugegründeter Kirchen wurde, vor und nach dem Zweiten Weltkrieg.

In Brunsbüttel(koog) ist das sogar ausgesprochen pointiert geschehen, da Pastorat und Saal als erster Bauabschnitt, sogleich nach der Gründung des Kirchspiels am 1. Dezember 1908, errichtet worden sind, mehrere Jahre vor dem Bau der Kirche selber (1914–1915). Das stellte die Verhältnisse geradezu auf den Kopf und demonstriert zusammen mit dem selbständigen Baukörper für einen Gemeinde-Saal, welche Bedeutung Unterricht und Gemeindetätigkeit für die neue Kirche in Preußen bekommen hatten. Die neue Kirche war ja keine fürstliche Monopoleinrichtung mehr, da in Preußen und damit auch in Dithmarschen seit 1867 Religionsfreiheit herrschte. Kirchenzugehörigkeit war also zur Privatsache geworden, unbeschadet dessen, daß der Monarch für die evangelisch-lutherische Kirche oberster Herr geblieben war.

Die Kirche war in wesentlichen Funktionen aus dem Fürstendienst entlassen worden. Sie führte nicht mehr das Personenstandsregister – dafür wurden preußische Standesämter eingerichtet. Und die Pastoren hatten ihren Einfluß auf den Schulunterricht verloren. Wohl waren noch Pastoren in der Schulaufsicht geblieben, aber nicht mehr in kirchlichem, sondern in unmittelbar staatlichem Auftrag. Mit der Einverleibung in Preußen hörten die Zeiten auf, in denen in den Dorf- und Kirchspielschulen alljährlich „unter Anleitung des Predigers" eine

Brunsbüttelkoog, ca. 1918

öffentliche Schulprüfung abgehalten werden sollte, in der es darauf ankam festzustellen, ob das Lernziel, die Heranziehung „geschickter Staatsbürger" und „rechtschaffender Christen", wie es in der Schulordnung von 1814 hieß, auch erreicht worden sei.

Die enge Verknüpfung von Kirche und Schule, die spätestens seit der Reformation bestanden hatte, war gelöst, im Organisatorischen ebenso wie im Lehrplan. Religiöse, sittliche und moralische Unterweisung war nicht mehr Hauptinhalt des Unterrichts, sondern wurde ein Fach unter vielen. Schule und Lehrerbildung wurden in preußischer Zeit konsequent verweltlicht analog der Privatisierung der Religion durch Glaubensfreiheit.

Die Entflechtung von Kirche und Schule stellte die Kirchspiele vor schwierige Einzelfragen, bei Gebäudenutzungen ebenso wie bei Personalfragen: die Kombinationen kirchlicher und schulischer Ämter, Küster etwa und Lehrer, wie sie nach Oskar Diering z. B. auch in Weddingstedt bestand, waren nicht aufrechtzuerhalten, wenn, dann als getrennte Tätigkeiten. Es galt entsprechend, die Unterbringungsfragen neu zu regeln, da Gebäude für Unterricht und Personalwohnungen meistens der Kirche gehörten.

Wenn die Kirche also auf längere Sicht Einfluß auf die Unterrichtung der Jugendlichen behalten wollte, mußte sie sich eine eigene Position schaffen, außerhalb der Schule. Sie brauchte also einen Freiraum, wie wir heute sagen würden. Seine Grundlage wurde mit einer „Verfügung, betreffend die Regelung der Beziehungen zwischen dem Unterricht in der Volksschule und dem Confirmandenunterricht in den Landdistrikten der Provinz Schleswig-Holstein . . ." vom 30. 9. 1876 geschaffen, nachdem im Vorjahr das diesbezügliche Verhältnis zu den höheren Lehranstalten geregelt worden war.

Mit dieser Verfügung wurde den Pastoren eine feste Stundenzahl für den Konfirmandenunterricht außerhalb der Schule zugebilligt. Wo der Unterricht sich nicht „ohne Überbürdung der Katechumenen [Konfirmanden] in die schulfreie Zeit" verlegen ließ, sollten dafür bestimmte Tage und Stunden während der Schulzeit festgelegt werden.

Zur Realisierung dieses Vorhabens brauchten die Pastoren eigene Räume an der Kirche bzw. in den Pastoraten. Dorthin oder in die Kirchen mögen auch früher schon einmal Schüler oder Konfirmanden gekommen sein, da von „Rechts wegen" in den letzten zwei Monaten vor der Konfirmation eine Sonderunterweisung beim Pastor hatte stattfinden sollen, laut königlicher „Resolution" von 1733. Es ist nicht nachprüfbar, wieweit das geschah. Sehr viel Motivation dürfte dafür bei der Beschaffenheit des Schulunterrichts und der Schulprüfungen nicht vorhanden gewesen sein.

Jetzt aber, spätestens nach 1876, brauchten die Pastoren zur Umsetzung ihrer neuen Freiräume in die Wirklichkeit mehr Platz bzw. eigene Räume für Unterricht und andere Aktivitäten. Die Kirchen waren ja nicht mehr Bestandteil staatlicher Wirksamkeit, sondern wurden mehr und mehr werbende Unternehmen. Gemeindearbeit war das Wort, das im 20. Jahrhundert immer mehr Gewicht gewann. Dem wurde beim Neubau etlicher Pastorate in der Gründerzeit vor und nach der Jahrhundertwende Rechnung getragen, zum Beispiel 1894 beim Neubau des Hauptpastorats in Meldorf, Rosenstraße (heute Platz der Verbandssparkasse), wo ein Konfirmandensaal mitgebaut wurde (nach Rolf Michaelsen, Archiv-Betreuer der Kirche). In Brunsbüttelkoog aber trat neu in Erscheinung, was dann im 20. Jahrhundert bei Kirchenneubauten zum Standard wurde: ein Gesamtbaublock Kirche, Gemeindesaal, Pastorat.

Auch in der Gestaltung der Kirche waren neue Wege beschritten worden. Brunsbüttelkoog glich nicht mehr dem erst wenige Jahre vorher fertiggestellten Neubau von Marne in der immer noch stark historisierenden Form und schon gar nicht mehr dem 25 Jahre älteren Bau der Vereinigten Köge in Kronprinzenkoog.

Bei der Gestaltung des Äußeren in Brunsbüttelkoog ist die Wirkung des Backsteines voll ausgespielt worden. Es mögen von fern Erinnerungen an barocke Formen aufleuchten, dennoch ist die

Gestaltung des Äußeren von historischen Vorbildern gelöst. Die Moderne bahnt sich an, neue Wege gerade der Backsteinarchitektur, die in den 20er und 30er Jahren eine Renaissance erlebte.

Im Innern allerdings findet sich das traditionelle Arrangement mit fest installierten und frontal ausgerichteten Bankreihen, einem Kanzelaltar in der Hauptachse, das ganze in einem längsrechteckigen Raum mit seitlichen Emporen. An historische Vorbilder angelehnte Bemalungen sind bei einer Grundrenovierung 1957 moderner Schlichtheit gewichen, der auch der Kanzelaltar zum Opfer fiel.

Der Baustil der Brunsbüttelkooger Kirche ist charakteristisch für die letzten Jahre vor dem ersten Weltkrieg. Er läßt sich unter dem Motto verstehen: weg von dem historisierenden Stil, von den allzu starken Entlehnungen romanischer oder gotischer Formen wie in Friedrichskoog und Marne. Daß sich dennoch Erinnerungen an Barockes einstellen, mag als Erbe der Bautradition verstanden werden. Diese Tradition bestimmte auch das Gesicht der Häuser in der Nachbarschaft entlang der Kauzstraße. Sie mag auf den ersten Blick, auch auf dem Luftbild, als Randstraße der damals neuen Stadt Brunsbüttelkoog erscheinen, ist es aber von der Verkehrsfunktion nicht. Sie führt direkt auf die Fährstelle über den Nord-Ostsee-Kanal zu, hätte also die Hauptachse abgeben können, wenn diese Funktion ihr nicht nachträglich zugewachsen wäre, nämlich durch die Kanalerweiterung von 1907/14. Sie machte neue Schleusen nötig und erzwang damit die Verlegung der Fährstelle vom ersten Standort am Ende der Koogstraße auf den jetzigen Platz. Damals war die Hauptstraßenfunktion der gerade ein Dutzend Jahre alten Koogstraße schon so eingefahren, daß sie bis heute Hauptstraße blieb, trotz der Verschiebung ihres strategischen Endpunktes, der Fähre.

Damit ist zugleich deutlich, daß der Kirche nicht gleich beim Baubeginn von Brunsbüttelkoog ein Platz vorbehalten worden war. Sie kam erst dazu. Die Gründung des eigenen Kirchspiels war eine Frucht der tatsächlichen Entwicklung und nicht einer spekulativen Vorausplanung. Dementsprechend stehen in der Nachbarschaft der Kirche Wohnhäuser, die bezeichnend erscheinen für die Jahre vor dem Weltkrieg, im ganzen mit gründerzeitlichem Flair, aber entschieden abgewandelt durch die dem englischen Landhausstil abgeguckten Obergeschosse in Fachwerkbauweise und ähnliche Elemente. Sie dokumentieren zusammen mit dem vom Grün umgebenen Kirchplatz das Ziel der Planer, eine Stadt im Grünen zu schaffen. Das galt aber auch schon für die Koogstraße mit ihren meistens nur ein Jahrzehnt älteren, aber in charakteristischen Gründerzeitformen errichteten Häusern.

Pahlen – noch ein Sozialfall im Bauernland

Die dritte Kirche, die in der Industriezeit im Jahre 1914 neu gegründet und 1926 neu gebaut worden ist, entstand weder durch Landgewinnung wie in den Vereinigten Kögen noch durch technische Großbauten wie in Brunsbüttel(koog). Vielmehr scheint ein einfacher, alter Grund der Anstoß gewesen zu sein. Einflußreiche Bauern sollen die Lust verloren haben, zu Beerdigungen von Dorfbewohnern, die kein eigenes Fuhrwerk besaßen, Pferd und Wagen zum Friedhof zur Kirche in Tellingstedt bereitzustellen. Was Jahrhunderte gegangen war, sollte nun nicht mehr weitergehen.

Warum nicht in Pahlen und seinen Nachbardörfern, wo es doch anderswo weiterzugehen schien?

Weil in Pahlen die Anzahl der kleinen Leute ohne Gespanne in der zweiten Hälfte des 19. Jahrhunderts sehr zugenommen hatte. Im Jahre 1832 hatten in Pahlen (nach der Chronik von Pastor Kyritz) 64 Häuser gestanden, um 1900 fast dreimal so viele, nämlich 168. In Dörpling stieg die Zahl von 49 auf 97. Ähnlich sah es mit der Einwohnerzahl aus. 1855 wurden in Pahlen und Pahlhude 480 gezählt, 1905 1009. Der Zuwachs bestand in der Regel aus kleinen Leuten, da das Land ja aufgeteilt war und im Besitz der Bauern blieb, deren Zahl sich nicht nennenswert veränderte.

Dieser Bevölkerungszuwachs fällt heraus aus der üblichen dörflichen Entwicklung jener Zeit. Die Einwohnerzahlen der Dörfer stagnierten normalerweise, sofern nicht spezielle Wachstumsmotive vorhanden waren. Die aber gab es in Pahlen und seinem Schiffslandeplatz Pahlhude an der Eider. Er wurde im 19. Jahrhundert angehaucht von der beginnenden Industrialisierung. Es lag damals an dem Wasserweg, der Nord- und Ostsee verband, am Eiderkanal von 1787. Er bot eine günstige Verbindung nach Rendsburg und Kiel auf der einen, nach Tönning und zur Nordsee/Elbe auf der anderen Seite. Der Kanal hat eine alte Schiffertradition belebt, vor allem aber durch die günstige Lage auf der Geest Anreiz geboten zur Ansiedlung oder zum Ausbau früher Gewerbeberiebe, von zwei Ziegeleien besonders und einer Zementfabrik (1871). Außerdem hatten weitere Ziegeleien der norderdithmarsischen Geest Gelegenheit, ihre Produkte über Pahlhude zu verschiffen. Ziegelsteine und Dachpfannen hatten Konjunktur in der zweiten Hälfte des 19. Jahrhunderts, als die Städte schnell über ihre alten Grenzen hinauswuchsen, aber auch in Dörfern und Kirchspieldörfern immer mehr Gebäude in Massivbauweise erneuert wurden. In den letzten Jahrzehnten des 19. Jahrhunderts waren wenigstens 100 Arbeiter in Pahlen und Pahlhude beschäftigt. Und auch als das Zementwerk 1900 schloß, fanden sie neue Arbeit beim gewerblichen Abbau von Torf, der damals ebenfalls per Schiff zu den städtischen Verbrauchern gefahren wurde.

Die Unlust der Bauern war also allzu verständlich. Und sie hatte mitten in der Hochkonjunktur 1896 schon zur Errichtung eines eigenen Friedhofes in Pahlen geführt, der auch den Bewohnern von Dörpling, Wallen und Tielenhemme zur Verfügung stand. Damit war das Problem der Bauern gelöst, nicht aber das der zwei Seelsorger in Tellingstedt. Sie hatten ohnehin 19 Dörfer zu betreuen und auch noch die neuen Familien in Pahlen und Umgebung. Ihre entsprechenden Vorstellungen beim Königlichen Consistorium in Kiel fanden Gehör. Es beschloß, zum 1. 4. 1914 in Pahlen eine eigene Kirche zu errichten. Wie in Brunsbüttel und Kronprinzenkoog fielen die Entscheidungen nicht mehr am Ort wie in früheren Zeiten, sondern in Kiel oder Berlin.

Am Ort, von wo aus allerdings der Anstoß ausgegangen war, regte sich auch die Initiative zur Errichtung eines Kirchenneubaus. Sie wurde durch den Ausbruch des ersten Weltkrieges gelähmt. Gottesdienst wurde im Gasthof gehalten, im „Dithmarscher Hof". Dann gab es auch in Pahlen einen Plan, Pastorat und Gemeindesaal vorweg einzurichten, und zwar in einem vorhandenen Gebäude, dem sogenannten „Schloß", einem großen, repräsentativen Wohnhaus. Dieser Plan zerschlug sich aber.

Obgleich die Schiffahrt auf der Eider seit Bau des Nord-Ostsee-Kanals am Einschlafen war und auch die alten gewerblichen Unternehmen nach dem ersten Weltkrieg nicht mehr ihre frühere Blüte halten konnten, blieben die Einwohnerzahlen bestehen. Und der Bau der Kirche wurde weiterbetrieben. Den Zuschlag erhielt der Kieler Architekt Schnitger. Er griff für seine Pläne nicht in die Kiste der großen Architektur mit ihren historisierenden Stilen wie in Kronprinzenkoog oder Marne, sondern orientierte sich im Sinne der sog. Heimatschutzbewegung an den mittelalterlichen Bauten im Lande. Seine Kirche wurde ein einfacher Saalbau mit steilem Satteldach, auch im Innern mit Bankreihen, Kanzel und Altar, hinter denen Vorbilder der Renaissance zu ahnen sind. Die Ausmalung vor allem der Decke läßt an Volkskunst denken und den Gedanken aufkommen, die Kirche sei die gute Stube der Gemeinde, mehr wohnlich als sakral.

Pahlen, Kirche mit Pastorat, ca. 1930

Für eine Orgel war anfangs kein Geld vorhanden. Ein Harmonium mußte den Dienst tun. Erst 1929 beschloß der Kirchenvorstand, Sammlungen für die Orgel zu veranstalten. Mit Hilfe des Landeskirchenamtes wurde dann das Ziel erreicht.

Anders als bei den alten Kirchen bilden in Pahlen wie in Brunsbüttel Kirche, Gemeindesaal und Pastorat einen Baublock, schön und großzügig in einem Grüngelände am Rande des Dorfes angelegt. Es ließ nach dem Zweiten Weltkrieg auch Platz für einen Kindergarten mit Spielplatz.

Die Randlage, die durch die Verfügbarkeit des Bodens bedingt gewesen sein dürfte, kann heute aber auch zum Symbol werden für dörfliche Gemeinden dieser Größenordnung.

Gesellschaftliche Utopien gegen christliche Verheissung: Neulandhalle

Bei den Gründungen und Neubauten von Kronprinzenkoog, Brunsbüttelkoog und Pahlen lassen sich gemeinsame Motive feststellen, die an mittelalterliche Neugründungen erinnern. In den Vereinigten Kögen und Brunsbüttelkoog waren neue, größere Siedlungen entstanden, die der Entfernungen und der Bevölkerungsvermehrung wegen neue Kirchen rechtfertigen konnten. Und in Pahlen mit Umgebung war durch neue Bevölkcrungsgruppen das soziale Gefüge so verändert worden, daß eine Neuanlage von Friedhof und Kirche im Interesse von Einwohnern und Seelsorgern lag.

Es waren lokale Motivationen, deren Berechtigung von der neuen, preußischen, mit dem Staat noch eng verflochtenen Kirchenverwaltung anerkannt wurden.

Eine generelle Motivation zur Vermehrung der Kirchen oder Kirchenstellen scheint es nicht gegeben zu haben, obgleich sich die Bevölkerungszahl beträchtlich vergrößert, seit Ausgang der mittelalterlichen Kirchengründungen um 1500 bis um 1870 ungefähr verdoppelt hatte (von etwa 35 000 auf rund 75 000 im Jahre 1871). Weitere Kirchen waren nicht mehr dazugekommen, außer dem Sonderfall St. Michaelisdonn 1611.

Allein in fünf Kirchen gab es Anbauten, in Form von Ausbauten der Südseite in Heide 1696–1698, in Tellingstedt 1726, in Süderhastedt im gleichen Jahr, in Burg 1820. Verlängert worden sind St. Michaelisdonn 1730 und vielleicht noch einmal 1746 sowie Hennstedt 1847. Einzelne Gemeinden gewannen auch durch Neubauten mehr Raum, Brunsbüttel 1679/1723, Eddelak 1740, auch Windbergen 1742 und Marne 1906. Wieweit dafür das Bevölkerungswachstum oder ein Repräsentationsanspruch motivierend waren, wäre im Einzelfall nachzuforschen.

Es gab aber auch Einschränkungen, im Bauvolumen lediglich in Wöhrden durch den Neubau von 1788, der spürbar kleiner ausfiel als die alte Kirche. Aber gerade auch in der Zeit, in der die Kirchenerweiterungen vorgenommen worden waren, sind Pastorenstellen gestrichen worden, jeweils die zweiten Pastoren in Barlt etwa vor 1811, in Büsum 1807, in Hemme 1775, in Weddingstedt 1806, in Süderhastedt 1711.

Hennstedt, Ehrenhalle im Eingangsbereich, ca. 1950

Den Gründen dafür wäre im einzelnen noch nachzugehen. Es ist kaum zu erwarten, daß allein wirtschaftliche Gründe dafür maßgebend waren; denn im ganzen gesehen, hat sich der Lebensstandard im 18. und 19. Jahrhundert verbessert, von einzelnen Notzeiten abgesehen. Eher mögen gestiegene Ansprüche seitens der Pastoren, die mit verbesserter Ausbildung Hand in Hand gegangen sein dürften, dafür eine Rolle gespielt haben. Auch wäre zu fragen, ob der Wandel religiöser Auffassungen dahinterstecken könnte. Der Gedanke liegt nahe, da alle diese Einsparungen im Aufklärungszeitalter liegen und beispielsweise die Wirksamkeit des aus Dithmarschen stammenden Reformierers Claus Harms (1778–1855) deutlich macht, wie sehr die Auffassungen in Fluß waren.

Wie dem auch sei. Es bleibt doch ein bemerkenswerter Umstand, daß sich das Raumangebot der Kirchen seit dem Mittelalter nicht wesentlich veränderte trotz Verdoppelung der Bevölkerung. Das blieb auch noch weiter so. Denn die Bevölkerung wuchs weiter, schneller sogar in den folgenden rund 70 Jahren. Bis zum Beginn des Zweiten Weltkriegs vermehrte sie sich um ein weiteres Viertel von 75 000 auf 100 000, ohne daß neue Kirchen oder Kapellen ins Leben gerufen wurden, von den drei behandelten Ausnahmen abgesehen.

Im Dritten Reich von 1933–1945 war allerdings auch eine schlechte Konjunktur für den Neubau von Kirchen. Viel Religiösität, religiöse Inbrunst möchte ich sagen, wurde von Staats wegen vereinnahmt. Das war im Grunde nichts Neues. Mit dem Aufkommen moderner Ideologien nach der Französischen Revolution wuchs das Angebot an Ersatzlösungen, an mit religiöser Intensität verfolgten Vorstellungen zur Verbesserung der Welt. Sie wurde nicht mehr als von Gott gegeben, als „beste aller möglichen Welten" hingenommen. Neue, von den Menschen ausgedachte Entwürfe sollten nicht nur eine bessere materielle

Dieksanderkoog, Neulandhalle, ca. 1950

Daseinsordnung schaffen, sie sollten auch den Menschen selber veredeln, sein Denken, Fühlen und Wollen beeinflussen. Entsprechend versuchten die ideologisch gesteuerten Staatswesen die menschliche Seele selber zu vereinnahmen. Das geschah nicht nur bei den kommunistisch regierten Staaten oder im Dritten Reich, das gibt es überall, wo Parteien und Parteilichkeiten mit Ausschließlichkeitsanspruch auftreten.

Im Dritten Reich ist das alles monopolisiert worden und verband sich mit einer zweiten Tendenz, die sich als einfache logische Folge dieser Weltverbesserungsideen ansehen läßt: die Verherrlichung, ja die religiöse Weihe der Arbeit, der Ernährung und der Erneuerung der Menschen. Es gab entsprechende Aufbruchstimmungen.

Aus diesen Bewegungen heraus ist z. B. der zerstörte „Altar der Arbeit" des Dithmarscher Malers Hans Gross zu verstehen oder aber die als Gebäude noch bestehende „Neulandhalle" im Dieksanderkoog, der bei seiner Eindeichung (1935) und dem Bau der Neulandhalle Adolf-Hitler-Koog hieß. Die Neulandhalle ist als Weihestätte konzipiert. Das ist heute nur noch in Resten nachvollziehbar. Immerhin flankieren den Eingang noch der Bauer und der Soldat, der Nährstand und der Wehrstand. Der Besucher wurde früher in der Halle auf einen Kamin zugeführt. Das Feuer im Haus bildete wie in der glorifizierten Vergangenheit den Kern des Hauses. Er wurde eingerahmt von Wandmalereien, die wiederum der Arbeit, dem schöpferischen Schaffen religiöse Weihe verliehen. Auch fehlte die Glocke nicht für das Haus.

Das Gebäude war gedacht als Feierstätte einer neuen Volksgemeinschaft. Sie wurde getragen von den Deich- und Sielverbänden der Westküste. Ihre Tätigkeit wurde als Pionierleistung, als Schaffung neuen Bodens für neue Generationen eines gesunden, auf eigener Scholle lebenden Landvolkes überhöht. Die Heranwachsenden sollten hier – wie auch anderswo – durch die „Jugendweihe" in die Volksgemeinschaft aufgenommen werden. Sie war keine Erfindung der Nationalsozialisten, wurde von ihnen aber stark kultiviert und trug in sich die Rivalität zur Konfirmation, die, wie später in der DDR, möglichst überflüssig gemacht werden sollte. Die religiöse Inbrunst wurde vom Staat vereinnahmt, so wie er auch den keineswegs erfolglosen Versuch machte, eine nationale Kirche hinter sich zu bringen.

Aufbruch nach 1945?
13 neue Gotteshäuser

Mit dem zweiten Weltkrieg ging alles zu Ende oder besser vielleicht: es fiel wieder auseinander, was die Nationalsozialisten monopolisiert und vielfach mit Grausamkeit durchgesetzt hatten. Zu ihrem Erbe gehörte eine Bevölkerungsbewegung, die tief in die Lebensverhältnisse einschnitt. Sie ließ die Zahl der Bewohner sprunghaft ansteigen, hinterließ nach Ablaufen großer Umsiedlungsaktionen bis in die Mitte der 50er Jahre einen Zuwachs von etwa einem Drittel von 100 000 auf rund 130 000 in Dithmarschen (1961: 128 980; 1970: 133 960).

Der Bevölkerungszuwachs verteilte sich keineswegs gleichmäßig über die Fläche. Er sammelte sich besonders in den Städten, in erster Linie in Heide, Brunsbüttel und Marne, die ihre Bevölkerungszahlen in den letzten 100 Jahren etwa verdreifachten, seit 1939 um mehr als die Hälfte vermehrten. Das sieht zusammengestellt so aus:

	1871	1939	1970
Heide	7420	13205	22992
Meldorf	3720	ca. 5270	7489
Marne	1865	3841	5383
Brunsbüttel	ca. 3180	8051	12225

Auch einzelne Kirchspielorte, die starke Zentralität entwickelten, konnten mithalten oder übertrafen dieses Wachstum sogar, etwa Albersdorf (1871: 703; 1970: 3393), Hemmingstedt mit seinen Erdölwerken (1871: 858; 1970: 2971), St. Michaelisdonn (1871: ca. 932; 1970: 3234). Die Tendenz der Bevölkerungsvermehrung war in den Kirchspielorten keineswegs allgemein. Es gibt einige, deren Zahl wie in sehr vielen Dörfern sogar gesunken ist, in Hemme etwa von 1045 1871 auf 750 1970 oder in St. Annen von 622 auf 406.

Aufs Ganze gesehen, war die Bevölkerungszahl nach dem Zweiten Weltkrieg zwar schnell, aber nicht spektakulär stark gewachsen. Es waren ungefähr 30 000 dazugekommen, während seit dem Abschluß der Kirchengründungszeit um 1500 bis 1939 ungefähr 65 000 dazugekommen waren, ohne daß sich dadurch die Quantitäten des kirchlichen Angebotes wesentlich verändert hatten.

Dennoch setzte nach dem Zweiten Weltkrieg eine kirchliche Bewegung ein, die wohl Erneuerungsbewegung genannt werden muß. Sie führte in Heide zum Bau von drei (mit Lohe-Rickelshof vier) neuen evangelisch-lutherischen Kirchen. Statt der zwei Pastoren, mit denen der Krieg durchgestanden worden ist, gibt es heute sechs, wenn man Lohe-Rickelshof, das kirchlich zu Süderdithmarschen gehört, dazu zählt, sind es sogar sieben. Für den nördlichen Teil von Dithmarschen ist 1961 ein Kapellenbauprogramm entworfen worden, das inzwischen längst realisiert ist. Wesselburen bekam in Reinsbüttel eine Kapelle (1962), Tellingstedt in Wrohm (1964) und Weddingstedt in Wesseln (1969), das inzwischen eigentlich auch schon zu Heide gezählt wird.

In Meldorf gab es keine neuen Kirchen. Die Pastorenzahl aber wurde von drei auf fünf erhöht, und der Marschdistrikt erhielt eine Kapelle in Busenwurth (1961/62), der Geestdistrikt in Sarzbüttel (1964).

Die andersartige Entwicklung von Meldorf und Heide liegt im wesentlichen in der Zusammensetzung der kirchlichen Gemeinden und ihrer Größenordnungen. Wenn auch Meldorf von 1939–1970 fast um die Hälfte seiner Einwohnerzahl wuchs, bedeutet das ein Wachstum von etwa 2000. In Heide brächte ein Wachstum um die Hälfte fast 7000, tatsächlich waren es über 9000. Und diese dazukommenden Bewohner konzentrieren sich auf das Stadtgebiet oder die unmittelbare Nachbarschaft. Die Kirchengemeinde in Meldorf hört aber mit dem Stadtgebiet nicht auf. Es gehören über 30 Dörfer und Dorfteile dazu, von denen nur einzelne am Zuwachs teilhatten, andere sogar in der Zahl abnahmen. Dennoch gab es auch in Süderdithmarschen Motivationen zum Ausbau.

In die 1970 etablierte Stadt Brunsbüttel brachte das alte Kirchdorf nicht nur den Namen, sondern auch seine vier Dörfer, also das Kirchspiel mit etwa 3000 Seelen und den Pastor ein. Der zweite Pastor war auch einst im alten Kirchdorf gewesen und nach Brunsbüttelkoog, das sich nach dem Kanalbau entwickelte, 1908 überstellt worden, als es ein eigenes Kirchspiel geworden war. 1947 hatte es die Stadtwürde erhalten. Angesichts des Wachstums von etwa 8000 Einwohnern (8051) 1939 auf 12 225 im Jahre 1970 ist an der alten Brunsbüttelkooger Pauluskirche eine zweite Pfarrstelle eingerichtet worden, obgleich ein Teil des Wachstums auf Eingemeindungen beruhte.

Im Kirchspiel Marne, das ebenfalls stark angewachsen war, erhielt der alte Hafenplatz Neufeld 1964 eine Kapelle. Und für Albersdorf ist 1965 in Schafstedt eine errichtet worden, das schon vor dem Krieg wie

Kapelle in Friedrichskoog

noch heute über 1000 Einwohner hatte. Im Jahre 1982 kam ein Gemeinderaumneubau dazu.

Am meisten Gewicht bekam der Kapellenbau in Friedrichskoog 1963, sozusagen am anderen Ende der von der Kirche Kronprinzenkoog aus versorgten Vereinigten Köge. Die Bedeutung Friedrichskoogs wuchs mit dem seither ständig steigenden Zuspruch von Urlaubsgästen und dem Ausbau zur Feriensiedlung in Friedrichskoog-Spitze und Hafen. So wurde ein zweiter Pastor der Vereinigten Köge bei dem Neubau angesiedelt, ohne daß die Gemeinde allerdings verselbständigt wurde.

Schließlich drang das Kirchspiel Nordhastedt mit einem Gemeindehaus – mit Glockenturm – in das zum Kirchenkreis Süd gehörige Süderholm vor (1978), das kommunal zu Heide gehört und als Heider Vorstadtgemeinde anzusehen ist. Dort entstand allerdings keine Kapelle, sondern ein Mehrzweckhaus für die verschiedenen Aufgaben lokaler Gemeindearbeiten.

In beiden Kirchenkreisen Dithmarschens sind nach dem Krieg also 13 Kirchen- oder Kapellenneubauten errichtet worden. Die kleine Kirche von Lohe-Rickelshof und sechs Kapellen, das Süderholmer Haus mitgerechnet, entstanden im Kirchenkreis Süderdithmarschen, drei Kirchen und drei Kapellen im nördlichen Kreis. Im Zahlenverhältnis gesehen, betrieb der Nordkreis den größeren Aufwand, da seine Einwohnerzahl geringer ist. Der Kreis Süderdithmarchen hatte 1965 73 498 Einwohner, der Kreis Norderdithmarschen 59 323. Die Größenordnungen haben sich seither nicht verändert.

Es ist nicht zu ersehen, ob die Leitungsgremien der beiden Kirchenkreise verschiedene Gestaltungsvorstellungen verfolgten. Die Protokolle der Sitzungen etwa des Kirchenvorstandes in Heide oder des Kirchenkreises Norderdithmarschen geben darüber keine Auskünfte. Sie enthalten lediglich die Ergebnisse der Überlegungen. Sie führten in Heide dazu, die noch nach dem Krieg vorhandenen und mehrmals nach Gewinnung einer neuen Pfarrstelle geteilten Gemeindebezirke immer stärker zu verselbständigen. Sie bekamen Bezirksausschüsse und zwischen 1965 und 1972 ihre eigenen Kirchen, ohne schon selbständige Gemeinden zu sein. Die Teilung der einen großen Gemeinde in sechs selbständige Gemeinden ist erst am 1. Januar 1981 in Kraft getreten, von dem Kirchenvorstand beschlossen und von der Landeskirche verkündet. Drei der sechs Gemeinden haben eine eigene Kirche, drei blieben der alten St.-Jürgen-Kirche auf dem Markt zugeordnet – bis 1993. Seit Ostern bilden diese drei wieder eine Gemeinde. In Meldorf dagegen blieb es bei der einen großen Gemeinde des „Domes“, obgleich die Entfernungen für die einzelnen Gemeindeangehörigen wenigstens der Dörfer in Meldorf weiter sind als in Heide. Die Etablierung eigener Kirchengebäude in Heide ist schwerlich mit den Entfernungen motivierbar. Einleuchtender hingegen erscheint die Berücksichtigung der Kapazität der Gebäude. Meldorf bot genug Raum für eine Kirchengemeinde, die nach Abzug der Kapelleneinzugsbereiche weniger als die Hälfte der Heider ausmachte. Der größeren Zahl in Heide standen dagegen weniger Kirchenplätze in St. Jürgen auf dem Markt zur Verfügung. Raum also mußte geschaffen werden, und sei es wegen der Gottesdienste an den hohen Festtagen des Jahres.

Wie dem auch sei, die Errichtung mehrerer „Vorstadtkirchen“ in Heide und der Kapellen in Dithmarschen dürfte nicht allein aus praktischen Erwägungen zu motivieren sein. Hinter ihr standen fraglos kirchenpolitische Tendenzen, die eine „Volkskirche“ im Auge hatten, eine Kirche, die möglichst jedes Haus erreichen, deren Gemeinden am besten nur 2000 bis 3000 Mitglieder haben sollten. Es waren Zielvorstellungen, die in der Nachkriegszeit in Schleswig-Holstein u. a. von Bischof Hübner vertreten wurden, wie mir Propst Pareigis in Meldorf erzählte. Sie fanden breite Zustimmung in Kirchenkreisen, auch wenn sie keineswegs überall erreicht worden sind. Damit stellte sich die Kirche gegen den durch die allgemeine Mobilisierung geförderten Trend, der im Schulwesen und bei Geschäftsunternehmen Zentralisierung hieß und die Dörfer verarmen ließ.

Für die Ideen einer Intensivierung der kirchlichen Arbeit, vor allem auch einer Verstärkung der Gemeindearbeit auf verschiedenen Ebenen einschließlich der Diakonie, bot die Nachkriegszeit einen besonderen Boden. Es schien sich die Chance zu bieten, in einer ideologischen Brache wieder stärker Fuß zu fassen. Der unglaubliche wirtschaftliche Aufschwung der 50er und 60er Jahre, der auch die an das Steueraufkommen gekoppelte Kirchenkassen füllte, stellte dafür Geldmittel bereit, die es niemals vorher gegeben hatte, von denen man vor dem Krieg nicht einmal zu träumen wagte. Nicht zufällig stammen die Bauprogramme aus den 60er Jahren. Der Optimismus in der Landeskirche war so groß, daß sie sich aus einem Architekten-Wettbewerb drei Kapellenentwürfe heraussuchte, die den Gemeinden bei dem Wunsch nach einer Kapelle zur Auswahl empfohlen wurden. So kommt es z. B., daß Sarzbüttel und Wrohm die gleichen Kapellen besitzen. Sie waren Konfektionsware.

Bei den Kirchen-Neubauten in Heide allerdings gab es erhebliche Unterschiede. Obgleich sie alle in den sieben Jahren von 1965 bis 1972 gebaut worden sind, gibt es zwischen ihnen Unterschiede, die größer sind als jene unter den mittelalterlichen Bauten, deren Entstehung Jahrhunderte auseinanderlag. Die alten Kirchen ließen sich auf zwei nicht sehr weit auseinanderliegende Grundtypen zurückführen, auf Saalbauten mit rechteckigem Grundriß und teilweise rechteckigem Chor oder auf Saalbauten mit mehrseitigem Chorabschluß – wie in St. Jürgen auf dem Markt in Heide.

Unter den vier – Lohe-Rickelshof eingeschlossen – neuen Kirchen gibt es nur zwischen zweien Ähnlichkeiten: Lohe-Rickelshof (1970) und Erlöserkirche an der Berliner Straße (1965/66). Beide Bauten bilden rechteckige „Kästen" mit relativ flachen, unterschiedlichen Dächern. Die Erlöserkirche wird von einem flachgeneigten Satteldach geschützt, die Christuskirche in Lohe-Rickelshof besitzt ein gefaltetes (Shed-)Dach wie eine Fabrikhalle. Es läßt das Licht von oben herein. Die Lichtführungen unterscheiden sich, ebenso die Innenausstattung, mit Holz an den Seitenwänden in Lohe-Rickelshof, mit gelben Steinen in der Erlöserkirche. Das bringt unterschiedliche Atmosphäre in die Räume. Auch sind die Größenordnungen verschieden. Das Format von Lohe-Rickelshof ist aus der Planung einer Kapelle (1965) hervorgegangen. Die Erlöserkirche wurde gleich großzügiger angelegt. Viel Phantasie ist in beiden Kirchen nicht verschwendet worden. Der Ausdruck „Predigtkästen" drängt sich auf.

Die Anordnung des Gestühls läßt in der Christuskirche in Lohe-Rickelshof durch Einzelstühle viele Möglichkeiten offen, die auch immer wieder genutzt werden. In der Erlöserkirche hingegen sind traditionelle Bänke gewählt worden, deren Länge sie nahezu unbeweglich macht. Auch der Altar ist dort durch nachträgliche bauliche Veränderungen mit einem eingemauerten Relief und an Bühnenarchitektur erinnernde Säulen davor als Schauplatz festgeschrieben (1988) worden. So entstand eine Raumlösung ganz im Sinne der traditionellen lutherischen Predigtkirchen, durch festen Einbau schwerlich variabel. Geschickter genutzt hingegen ist der Eingangsraum als kleine Kapelle für Andachten.

Anzumerken bleibt für Lohe-Rickelshof der Neubau einer bemerkenswerten Orgel von Hoffmann aus Hamburg im Jahre 1991. Dafür hat die Gemeinde über ein Jahrzehnt gespart und gesammelt.

Was die Gesamtanlage der beiden Kirchen betrifft: Sie folgen dem in Brunsbüttelkoog zuerst gebauten Konzept, in dem Kirche, Gemeindesaal und Pastorat eine Baugruppe bilden, als freistehende Einzelbauten in Lohe-Rickelshof, als aneinandergesetzte Einzelbauten in der Erlöserkirche.

Das ist anders im Butendiek und bei der Auferstehungskirche im Süden von Heide.

Im Butendiek konnte der erste dort tätige Pastor Busse (1966–1975) eine Lösung im Sinne der erwähnten Nachkriegstendenzen durchsetzen, die die Gemeindearbeit höher bewertete als den Gottesdienst. Entstanden ist daraus ein Mehrzweckhaus mit Hauskapelle im Dachgeschoß. Inzwischen hat sich herausgestellt, daß in einer lebendigen Gemeinde auch der Gottesdienst seinen Platz behaupten kann. Jedenfalls ist die Hauskapelle zu klein geworden. Der Gottesdienst ist hier ein wesentliches Element der Gemeindearbeit geblieben. Es werden Überlegungen angestellt, wie der Kirchenraum zu erweitern wäre. Ausgestattet ist er wie alle Räume mit mobilen Stühlen sowie mit einer Orgel in der Rückwand.

Das Haus hat sich mit einem differenzierten Raumangebot nach Aussage der Betroffenen durchaus bewährt, außer dem zu kleinen Kirchenraum. Auch wird es als Mangel empfunden, daß sich der großzügig ausgelegte Eingangsraum nirgendwo einbeziehen läßt.

Völlig anders gibt sich die kleine Auferstehungskirche des Archirekten Otto Andersen, der damals in Meldorf lebte und einen weitreichenden Ruf besaß. Der Bau steht allein in einer scheinbar traditionellen Situation, ohne Gemeinderaum und Pastorat auf demselben Gelände. Er steht aber zwischen dem Propstei-Altersheim und Wohnheimen für Jugendliche. Bei der Wahl des nicht sehr großen Platzes spielt der Gedanke einer „Hauskirche" für die Heime mit. Pastorat und Gemeinderaum liegen an einer anderen Straße.

Der Kirchenbau trägt dieser Situation insoweit Rechnung, als die Bestuhlung im Mittelteil variabel gehalten ist und Nutzungsvarianten erlaubt, Altenkaffee zum Beispiel. Gottesdienst und besondere Gemeindeveranstaltungen finden in diesem mehreckigen Raum statt, der fünf Wände besitzt. Die beiden Hauptwände laufen in einem breiten Winkel aufeinander zu. Wo sie sich treffen, entsteht eine Ecke, die dadurch, daß dort der Altar steht, die Bedeutung eines Ausgangspunktes bekommt. Der weiter vom Altar entfernte Teil dieser Wände ist durch große, rautenförmige Fenster durchbrochen, die von einem renommierten Künstler, Hansing, Flensburg, gestaltet worden sind.

Der Besucher betritt den Raum unter einer kleinen, niedrigen Empore für Orgel und Chor. Sie betont die Intimität des Raumes, hebt zugleich aber auch die aufsteigende Linie der hinter dem Altar aufeinandertreffenden Wände hervor. So entsteht der Eindruck eines Raumes, dessen einem Viertelrund ähnlicher Ausschnitt in allem auf den Altar zugeordnet erscheint.

Ich halte dieses Kirchlein für ein Juwel unter den Neubauten, für den einzigen sakralen neuen Kirchenraum in Heide. Er ist sehenswert,

Auferstehungskirche in Heide

mag er auch praktische Schwächen haben, Fehlen von Nebenräumen und erneuerungsbedürftige Bauteile. (Einen Hauch ähnlicher Atmosphäre besitzt auch die Kapelle in Wesseln.)

Alle diese Kirchen liegen in Neubauvierteln, in einer Reihe mit Wohnblocks oder Einzelhäusern, weder durch Straßenführungen noch durch Platzbildungen hervorgehoben. Keine von ihnen zentriert eine Siedlung, keine besitzt eine in ihrem Stadtviertel herausragende Lage. Soweit bescheidene Türme vorhanden sind, tauchen sie im Grunde nur zufällig aus größerer Nähe in Blickschneisen zwischen benachbarten Häusern auf. Keine ragt in ihrer Siedlung heraus, wie es die mittelalterlichen Kirchen in der Regel immer noch tun. Die Lage der Neubauten ließe sich interpretieren als Ausdruck des Bemühens, als „Volkskirche" zwischen den Bauten der eigenen Gemeinde integriert zu werden oder aber als Hinweis dafür, daß die Kirche ihre Richtung weisende Bedeutung in einer Gesellschaft verloren hat, die seit der Aufklärung des 18. Jahrhunderts, seit der Ideologisierung vieler Lebensbereiche nach der Französischen Revolution und der Einführung der Religionsfreiheit durch Preußen auch in Schleswig-Holstein am 1. Oktober 1867 pluralistisch geworden ist.

Schlussbetrachtung: Die Geister, die ich rief . . .

Von der Heider Vorstadtkirche geht der Blick zurück zu jenem unbekannten ersten Kirchenbau in Meldorf, den wir uns dort vor über 1100 Jahren ganz allein auf einem Sandplatz am Rande der Nordsee vorstellen können.

Die erste Meldorfer Kirche diente Menschen, von denen wir niemanden kennen, von denen wir nichts wissen. Wir müssen sie uns unfrei vorstellen, unentfaltet, eingebunden in Familien und Familienverbände, deren Schicksale zu denken sind als abhängig von Göttern bzw. vom neuen Gott. Einsichten über den Willen Gottes oder der Götter dürfte den Herrschenden vorbehalten geblieben sein. Rangordnungen gab es damals wie später. Rangordnungen, die sich ganz gewiß von den Göttern oder dem Gott her über die verschieden großen Herren dieser Welt abstuften. Für die meisten Bewohner Dithmarschens dürfte das Heiligtum in Meldorf ein nur selten aufgesuchter Ort gewesen sein, zu dem niemand ein individuelles Verhältnis entwickelt haben dürfte.

Was dort zelebriert wurde, können wir nirgendwo feststellen.

Selbst die Gottesdienstabläufe der folgenden Zeit, der zweiten großen kirchlichen und politischen Epoche des Mittelalters, deren Beginn wir in dem 11. und 12. Jahrhundert zu erkennen glauben, selbst aus dieser Zeit kennen wir keine Liturgien. Aber Kirchen haben sich erhalten, einfache Saalbauten, anfangs allein aus Feldsteinen, seit dem 14. Jahrhundert immer mehr mit Backsteinen. Am Beginn dieser Periode zeichnet sich der Aufbau einer von Meldorf ausgehenden Kirchenorganisation ab, die es am Ende jedem Bewohner Dithmarschens (wie Holsteins) ermöglichte, eine zuständige Kirche an einem Tage zu erreichen. Sie wurde, und das war das Neue, zuständig für die individuelle Seele von Mann, Frau und Kind, für Geburt, Taufe und Tod und was sich auf diesem Wege tat. Diese individuelle Seele gehört zur Verkündigung, die neue Predigergenerationen mit den neuen Kirchen unter den hiesigen Bewohnern zu verbreiten suchten.

Die „Spiritualia", die geistlichen Dinge, die Botschaft, denen sich die Kirchenmänner verpflichtet sahen, wurde die Meßlatte für Schicksal der Gruppen und für den Lebenswandel der Personen auf der

Erde. Im Namen Gottes agierten auch die, in deren Händen die Macht zur Ordnung der Welt lag, und im Namen Gottes, des Vaters, des Sohnes, des Heiligen Geistes begann ein jedes Leben mit der Taufe – und endete ebenso mit der Beerdigung.

Geistliches und Weltliches verschränkten sich nicht nur in den Personen der Mächtigen, der Kaiser und Könige, sondern auch in jedem Kirchspiel in Dithmarschen. In ihre, der Kirchspielsvertreter Hände waren zwar nicht die geistlichen Dinge gegeben – sie verblieben nach dem Investiturstreit der Kirchenhierarchie mit dem Papst an der Spitze –, aber alle „Materialien", alles Organisatorische, können wir vielleicht am besten sagen, so auch der Kirchenbau, alle damit zusammenhängenden Folgelasten, zu denen auch die Ausstattung der Kirche und Versorgung des Personals gehörten.

Das Leben im Spätmittelalter, um die Zeit der Bauernrepublik vom 13. Jahrhundert bis zur Reformation handelt es sich vor allem, erscheint uns christlich durchorganisiert, im Individuellen und Gesellschaftlichen auf Gott bezogen, mag es wie in Dithmarschen republikanisch zugegangen sein oder anderswo stärker herrschaftlich. Für den einzelnen, für das „Fußvolk", das nicht mit an irgendwelchen Drähten des öffentlichen Lebens zog, mag die Herrschaftsform keinen so großen Unterschied gemacht haben. Die Oberen bestimmten, sei es republikanisch-genossenschaftlich als Gruppe (mit herausragenden Leitfiguren) oder als Einzelperson.

Der Gottesbezug (Glaube), der Ablauf des Lebens und seiner christlichen Rituale waren vorgegeben. Ausweichen oder opponieren waren nicht ohne Risiko möglich, unter Umständen lebensgefährlich.

Auch nach der Reformation, in der dritten großen Epoche kirchlicher und staatlicher Verhältnisse, änderte sich daran für den einzelnen nichts Grundlegendes. Die Reformation wurde von den Regierenden beschlossen. Und ihnen, der „Oberkeit", war jedermann Gehorsam schuldig nach Luther und Paulus, Römer XIII. Damit war fernerhin beides abgedeckt, der kirchliche und weltliche Gehorsam, verlangt jetzt vom gleichen Herrn, den regierenden 48ern zunächst in Dithmarschen und seit 1559 dem Landesfürsten, wer er auch war. In jedem Fall wurde der Landesherr nach der Reformation oberster Kirchenherr (summus episcopus), auch in geistlichen Dingen.

Und die Landesfürsten bauten die Kirchen im 16. und 17. Jahrhundert ein in ihr Herrschaftssystem. Die Pastoren wurden – auch wo, wie in Dithmarschen, die Kirchspielskollegien sie wählen oder vorschlagen konnten – von ihnen eingesetzt und auf ihr Amt verpflichtet. Einzig in Norderdithmarschen genügte in gottorfischer Zeit meistens die Einsetzung durch den Propsten. Was den Pastoren oblag, war mehr als „Seelsorge“. Es enthielt die Kontrolle über Sitten, Lebenswandel und Gehorsam der Untertanen, einmal im Gewand der Moraltheologie, zum anderen durch das Personenstandsregister. In ihm wurden seit dem 17. Jahrhundert Geburt, Taufe, Hochzeit, Tod registriert und damit die Lebensführung kontrolliert und gewissermaßen benotet. Die Legalisierung der Ehe etwa, noch für Luther Sache des privaten Verlobungsvertrages, wurde Sache der Kirche, freilich im Auftrag des Fürsten, d. h. des Staates. Unehelich war unehrlich.

Mit Schulaufsicht und Bildungswesen, dessen Ziel die Schaffung frommer Christen und gehorsamer Untertanen war, wurden die Pastoren betraut. Lehrer und Kirchenbedienstete wurden miteinander verquickt, durch Küster etwa und Organisten oder ähnliche Kombinationen in jedem Kirchspiel.

Thron und Altar, wie es später hieß, Fürstenmacht „von Gottes Gnaden“ und Kircheneinfluß verquickten sich zur Daseinsgestaltung, die, wenn es ernst gemeint war, ein Stück vom Reich Gottes auf der Erde realisieren wollte. Das ging hinab bis auf die Kirchspielsebene, auf denen in Dithmarschen die Verquickung von weltlicher und geistlicher Gewalt bestehen blieb, dort allerdings in der Regel rein pragmatisch verstanden wurde.

Das Leben der Bewohner in den Kirchspielen wurde unausweichlich von diesem System reguliert. Sich einem anderen Glauben zuwenden, war in der Regel nicht möglich. Wo es andere Glaubensgemeinschaften gab, waren sie zugewandert und lebten exklusiv aufgrund besonderer fürstlicher Zusicherungen – Privilegien –, etwa seit 1621 in Friedrichstadt.

In dieser Zeit des nachreformatorischen Fürstenstaates sind keine neuen Kirchen gegründet worden, außer St. Michaelisdonn 1611. Einzelne Gotteshäuser sind durch Neubauten ersetzt worden. Aber alle wurden mit neuen Einrichtungsstücken versehen, Bänken, Kanzeln, Altären, hier und dort auch Orgeln. Der Charakter der Einrichtungen der meisten Kirchen wird bis heute vom Stil und von den Inhalten dieser Zeit, kunstgeschichtlich Renaissance und Barock genannt, bestimmt. Aus ihr stammen auch viele der Lieder im evangelischen Kirchengesangbuch, die in den Gottesdiensten gesungen werden. Sie enthalten im Text viele Erinnerungen an die Hierarchie des alten Fürstenstaates. Auch die am meisten gespielte Kirchenmusik stammt aus jener Zeit. Noch älter sind das Vaterunser und das Glaubensbekenntnis. Das Festhalten an den Traditionen im Materiellen und Geistigen scheint unlösbar mit der Kirche verbunden zu sein, auch wo es Unzeitgemäßes enthält (gemeint ist das, was heute niemand mehr ohne Erläuterung versteht).

Gegen die von vielen als festlich empfundenen alten Kirchen haben die wenigen modernen einen schweren Stand, obgleich sie doch einem ganz neuen, unserem Zeitalter und einer, sollte man meinen, gewandelten Kirche entstammen. Mit der Übernahme des Landes Schleswig-Holstein und Dithmarschens durch Preußen (1867) begann ein neues Zeitalter. Kirche und Staat wurden entflochten, das Zusammenwirken von weltlichen und geistlichen Dingen in den Kirchspielen beendet. Zum ersten Mal in ihrer Geschichte wurden die Kirchen verselbständigt, erhielten ihre eigenen Gemeinden neben den weltlichen Kommunen, und sie bekamen ihre eigene Organisation und Hierarchie, wenn auch zunächst noch staatlich-bürokratisch verklammert dadurch, daß der Landesherr, König von Preußen und Kaiser von Deutschland, oberster Kirchenherr blieb – bis zu seiner Abdankung 1918. Seitdem steht die Kirche allein.

Aber bereits der König/Kaiser hatte nicht nur die Kirche, auch seine Untertanen von seinem kirchlichen Dienst freigestellt. Ab 1. Oktober 1867 wurden Alternativen erlaubt. Ein jeder durfte der evangelisch-lutherischen Kirche den Rücken kehren und sich einer beliebigen Glaubensgemeinschaft anschließen. Das hatte es noch nie gegeben. Angesichts einer über 1000jährigen Kirchengeschichte, in der Himmel und Erde, Herrschaft und Genossenschaft, Gruppe und Individuum in unlöslicher Verflechtung in einer zusammengehörigen Kosmologie gesehen wurden, bedeutete diese Freisetzung der Gemeindeglieder die Entlassung in eine gesellschaftliche Unverbindlichkeit. Jeder konnte einer Glaubensgemeinschaft angehören oder auch nicht.

Die evangelisch-lutherische Kirche trat in Konkurrenz zu anderen Glaubensgemeinschaften, aber auch zu Ideologien und Utopien.

Das vom Kaiser gestiftete Kirchenbild in Brunsbüttelkoog, der Engel vom Dienst, der den Matrosen aus dem Wasser zieht, ist sicherlich ein ebenso bedenkenswertes Beispiel für die Tendenz, Glaubensinhalte und „himmlische Heerscharen" in den Dienst nationalstaatlicher Ideologien zu stellen, wie die Errichtung einer „Neulandhalle" als Sinnbild einer verselbständigten, mit religiöser Weihe versehenen Utopie neuer menschlicher Gemeinschaft unter den Nationalsozialisten.

Die Neugründungen von Kirchen und Kapellen, die Vermehrung der Pastoren und Mitarbeiterstellen, die Erschließung neuer Arbeitsfelder nach dem zweiten Weltkrieg erscheinen vor diesem Hintergrund als der Versuch eines neuen Aufbruchs. Für ihn standen Gelder in bis dahin unbekanntem Ausmaß zur Verfügung. Sie waren ein Erbe der aus früheren Zeiten nachgebliebenen Verflechtung von Staat und Kirche. Aus ihr stammt noch die Verkoppelung der Kirchensteuer mit der Einkommensteuer.

Diesen Aufbruch haben die Tendenzen der vergangenen Jahrzehnte zur Frage der Selbstbehauptung und der Erhaltung gewonnener Ziele verwandelt. Was im Mittelalter begann, was damals hinter dem Aufbau der Kirchenorganisation stand, die Erweckung der Individualität, wendet sich heute zunehmend gegen die Kirche selber. Die Individualitäten wollen sich nicht mehr messen lassen, sondern selber maßgebend sein – was gern als „Mündigkeit" interpretiert wird. Sie wollen keine überpersönliche Norm mehr akzeptieren.

Quo vadis, Individuum? Wohin gehst Du, Individualist? Wohin das „Gemeinwesen"?

Literaturhinweis

Die Kirche Karls des Großen

Der Meldorfer Dom. Herausgegeben von Heiko K. L. Schulze, Heide 1992.
Alfred Kamphausen: Der Dom der Dithmarscher, die Kirche zu Meldorf. Düsseldorf 1931.
Hartmut Boockmann: Mittelalter. In: Deutsche Geschichte in Bildern, herausgegeben von Herbert Jankuhn, Hartmut Boockmann und Wilhelm Treue, Wiesbaden 1981.
Schleswig-Holsteinische Kirchengeschichte, Band 2: Anfänge und Ausbau, Neumünster 1978. Schriften des Vereins für Schleswig-Holsteinische Kirchengeschichte, Reihe I/27
Über Stammesreligion (Gentilreligion) W. Lammers in: „Geschichte Schleswig-Holsteins: Das Hochmittelalter bis zur Schlacht bei Bornhöved" Neumünster 1964 S. 139 ff.
Lexikon des Mittelalters, Stichwort „Friedhof", Bd. IV, 1989

Ein Gau wird parzelliert. Meldorf und die Urkirchspiele
Der große Boom im 12.–13. Jahrhundert

Heinz Stoob: Dithmarschens Kirchspiele im Mittelalter. Zeitschrift der Gesellschaft für Schleswig-Holsteinische Geschichte 1953.
Karl-Heinz Gaasch: Die mittelalterliche Pfarrorganisation in Dithmarschen, Holstein, Stormarn. Zeitschrift der Gesellschaft für Schleswig-Holsteinische Geschichte 1952 und 1953.
Karl Hansen: Wurde die Burger Kirche von Erzbischof Hartwig von Bremen gegründet? Zeitschrift Dithmarschen 1/1972.

Die Priester und die Emanzipation . . .

Die Darstellung gibt eine eigene Theorie wieder, gestützt von Handbuch-Fakten. Vergleiche dazu
Jacques Le Goff: Die Erfindung der Seele. DIE ZEIT 12/1991, 16. April S. 52.
J. Le Goff: Wucherzins und Höllenqualen. Klett-Cotta, Stuttgart. Vergleiche auch Klaus Friedland: Die Hanse, Kohlhammer – Urban-Taschenbücher Band 409, Stuttgart 1991. Dort u. a. die Herausbildung eines Individualrechtes der Kaufleute (mercatores) und Schiffer aus dem Genossenschaftsrecht der Fernfahrer (negotiae) oder der Bürger innerhalb der städtischen Schwurbrüderschaft (coniuratio) im 12./13. Jahrhundert, S. 76, 94 u. a.
Joh. Schmidt: Frömmigkeit und Theologie in Schleswig-Holstein von den Anfängen der Christianisierung bis zum Vorabend der Reformation. In: Schleswig-Holsteinische Kirchengeschichte, Band 2, s. o. Bei Schmidt sind Aussagen über die Bedeutung der christlichen Religion für die Masse der Bewohner nur am Rande abzulesen. Die Frage ist nicht thematisiert.
Nis R. Nissen: Hanse zwischen Eider und Oder. Heide 1994

Lexikon des Mittelalters, München, Stichwort „Dorf" im 3. Band 1986, Stichwort „Gemeinde" im 4. Band, 1989, „Begräbnis" im 1. Band.
Sonderinteressen zeichnen sich ab: Nachzügler
s. „Ein Grau wird parzelliert . . ." und „Der Große Boom . . ."

Wie die ältesten Kirchen gebaut wurden

Kunsttopographie Schleswig-Holstein s. o.
Claus Rauterberg: Der Kirchenbau des Mittelalters in Schleswig-Holstein. In: Schleswig-Holsteinische Kirchengeschichte Bad 2, s. o.
Bettina Gnekow: Der Kirchenbau im heutigen Holstein während des Aufbaus der Pfarrorganisation 1150–1300. Dissertation Kiel 1989. Mskr., Landesamt f. Denkmalpflege.
Ernst Schlee: Die Kirche in Wesselburen und ihr Baumeister J. G. Schott. Zeitschrift Dithmarschen. Nov./Dez. 1936, XVI. Bd. des Jahrbuches.
zu Wesselburen auch: Bericht des Denkmalamtes betr. Wesselburen. Zeitschrift Nordelbien 54, 1985, S. 216.
Hermann A. Wiechmann: Die St.-Remigius-Kirche (Albersdorf). Zeitschrift Dithmarschen 1/2-1981, S. 20–21.

Wohin mit der Kirche im Dorf?

Angaben nach Karten und Begehungen.
Wolfang Laur: Historisches Ortsnamenlexikon von Schl.-Holst., 2. Aufl., Neum. 1992.

Eigene Gotteshäuser für große Bauern

G. Marten/K. Mäckelmann: Dithmarschen. Geschichte und Landeskunde Dithmarschens. Heide (1927).
zu Heide: Heinz Stoob: Geschichte Dithmarschens im Regentenzeitalter. Heide 1959. Bes. S. 29 f.
Georg Marten: Die Chronik von Heide. Heide 1935.
C. Kähler: Die Kirche zu St. Annen in Norderdithmarschen. Geschichte und 300jähriges Gründungsfest. 1872.
Zu Windbergen: Wilhelm Johnsen in: Hans Beeck: Die Chronik von Windbergen. 1956. S. 49 ff.
Erwin Freytag: Wie es sich vor 100 Jahren in Schlichting mit den Beerdigungen verhielt. Zeitschrift Dithmarschen 4/1973.

St. Michaelisdonn und die soziale Frage

A. Schultz: Drei Jahrhunderte im Zeichen der St.-Michaelis-Kirche auf dem Donn. Festschrift zum 300jährigen Bestehen . . . 1911.
Marten/Mäckelmann: s. o.
Nis R. Nissen: Wer wohnt wo – Beobachtungen zur Sozialtopographie. Zs. Dithmarschen 3/1981 (Blätter zur Heimatkunde).
derselbe: St. Michaelisdonn am Klev. In: Marne und seine Nachbarn Friedrichskoog, St. Michaelisdonn. Heide 1973.
derselbe: Führungsschichten in Dithm., Zs. Dithmarschen 3/1972.

In der Marsch begann das neue Bauen

Kunsttopographie Schleswig-Holstein s. o.

Was von mittelalterlicher Einrichtung übrigblieb.

Neue Einrichtungen wegen Luthers neuer Lehre

Wolfgang Teuchert: Die Ausstattung der Kirchen im Mittelalter. In: Schleswig-Holsteinische Kirchengeschichte Bd. 2, s. o.
ders. Taufen in Schleswig-Holstein. Kl. Schl.-Holst.-Bücher 37. Heide 1986
Kunsttopographie Schleswig-Holstein.
Nis R. Nissen: Der romanische Christuskörper aus Albersdorf. Zeitschrift Dithmarschen 1/2-1981, S. 22.

Helga u. Ernst de Cuveland: Die Taufengel in den Kirchen zu Wöhrden u. Neuendorf. Zs. Dithmarschen 3/1976.
Peter Poscharsky: Die Kanzel. Erscheinungsformen im Protestantismus bis zum Ende des Barock. Gütersloh 1963.
Hartmut Mai: Der evangelische Kanzelaltar. Halle 1969.
Wilhelm Johnsen: Meister Jürgen Heitmann der Ältere in Wilster, ein Bildschnitzer des 17. Jahrhunderts. Wilster 1938.
Ernst Schlee: Ein Dithmarscher „Bildensnieder": Jürgen Heitmann der Jüngere. Zs. Dithmarschen 3/1989. Dort weitere Literatur zur Schnitzkunst.

Luthers Kirche und die 48er in Dithmarschen

Luthers Werke, herausgeg. von Arnold E. Berger. 2. Bd., Leipzig/Wien. Meyers Klassikerausgaben. o. J.
Heinz Stoob: Regentenzeitalter. s. o., bes. S. 193 ff.
Volker Schulte-Umberg: Die Verselbständigung der Dithmarscher Kirche in vorreformatorischer Zeit. Zs. Dithmarschen 2/1973.
Raimer Postel: „Van gehorsam der overicheyt". Obrigkeitsdenken in Hamburg zur Zeit der Reformation. In: Studien zur Sozialgeschichte des Mittelalters und der frühen Neuzeit. Herausgeg. von Franklin Kopitzsch, Klaus J. Lorenzen-Schmidt, Heide Wunder. Hamburg 1977. Selbstverlag.

Kirche im Fürstenstaat

Reimer Witt: Die Privilegien der Landschaft Norderdithmarschen in gottorfischer Zeit 1559–1773. Neumünster 1975. Quellen und Forschungen zur Geschichte Schleswig-Holsteins Bd. 67. S. 144 ff., bes. 160 ff.: Jus patronatus.
Karl Hansen: Die Dithmarscher verteidigen im 17. Jahrhundert ihr Patronatsrecht. Zs. Dithmarschen 4/1973.
Dr. Dietrich Stein, mündl. Mitteilung zum Pastorenwahlrecht in Windbergen im 18. Jahrh., wo es gehandhabt wurde wie bei Hansen aus Burg berichtet, nicht wie bei Witt dargelegt.
Schleswig-Holsteinische Kirchengeschichte s. o., Bd. 4: Orthodoxie und Pietismus. Neumünster 1984.
Hans Beeck: Amtliche Bekanntmachungen 1733. Pastor Dührsen und die Bekanntmachungen von der Kanzel. Zs. Dithmarschen 4/1971.

Eine neue Kirche wird gebaut
Barock auf dem Lande

Wilhelm Johnsen: Das schöne Brunsbüttel. Brunsbüttel 1951.
Kunsttopographie Schleswig-Holstein.
Ernst Schlee: Die Kirche in Wesselburen . . . s. o. Darin auch über Eddelak.
Windbergen s. o.
Reimer Hansen: Die alte Wöhrdener Kirche. Zs. Dithmarschen 3/1967.
Johann Wilhelm Thomsen: Der Neubau der St.-Nikolai-Kirche zu Wöhrden 1785–1788. Zs. Dithmarschen 1/1992.
Nis R. Nissen: 700 Jahre Wöhrden. Zs. Dithmarschen 1/2-1981 (Blätter zur Heimatkunde).

Neubau in einer veränderten Welt: Kronprinzenkoog

Hermann Kriege: Die seltsame Entstehung und Entwicklung der Kirchengemeinde Kronprinzenkoog. In: 200 Jahre Kronprinzenkoog. Hrsg. von Johanna Brunkhorst. Heide 1987.

Der oberste Kriegsherr und seine Kirche in Brunsbüttelkoog

Klaus Kleine-Weischede: Die evangelische Kirchengemeinde Brunsbüttelkoog und die Paulus-Kirche. In Zs.: Brunsbüttler Spuren. Beiträge zur Heimatgeschichte, VII/1992.
Schleswig-Holsteinische Kirchengeschichte, s. o. Bd. 5, Kirche im Umbruch, Neumünster 1989.
Nis R. Nissen: Traum und Wirklichkeit. Der Bebauungsplan von 1895. Zs. Dithmarschen 1/1980.

Pahlen, noch ein Sozialfall im Bauernland

Kirchenchronik, darin speziell Pastor Kyrus: Geschichte der Kirche.
Akte im Kirchenkreisarchiv Norderdithmarschen.

Gesellschaftliche Utopien gegen „christliche Verheißung": Neulandhalle

Die Bevölkerung der Gemeinden in Schleswig-Holstein 1867–1970 (Historisches Gemeindeverzeichnis). Statistisches Landesamt Schleswig-Holstein. Kiel 1972.
E. Vorderwülbecke: Der „Altar der Arbeit" von Hans Gross. S. 59 ff. in: Hans Gross 1892–1981. Aspekte eines umstrittenen Künstlers. Ausstellungskatalog Dithmarscher Landesmuseum Meldorf 1992.
„Neulandhalle", Adolf-Hitler-Koog. Hrsg. v. Gauleiter u. Oberpräsidenten der Provinz Schl.-Holst. 1936.
Klaus Groth: Der nationalsozialistische ländliche Siedlungsbau am Beispiel des Adolf-Hitler-Koogs. Examensarbeit f. Lehramt an Gymnasien, 1981.

Aufbruch nach 1945

Protokolle der Kirchengemeinde Heide und des Kirchenkreises Norderdithmarschen.